JN252097

文化理解のキーワード

東北大学大学院文学研究科
講演・出版企画委員会
編

Important Concepts in Understanding Culture

Lecture Series in Humanities and Social Sciences Ⅷ

Lecture and Publication Planning Committee

in Graduate School of Arts and Letters at Tohoku University

Tohoku University Press,Sendai

ISBN978-4-86163-257-0

目次

東北大学大学院文学研究科
講演・出版企画委員会
高橋章則（代表）
大木一夫
島　越郎
下夷美幸
沼崎一郎
芳賀京子

はじめに

「学都仙台」という言葉があります。大学などの学術機関が多く存在することから命名された都市のニックネームです。しかし、ただ数が多いからそう言われているのではなく、一風変わった学生や研究者、技術者などが市民の温かいまなざしに支えられて心置きなく研究生活を送ることができること、また一方で、学術機関に属する人々の学問的で文化的な処世に触発された自在な人世観を持つ住民が生まれ、徐々にそれが街の雰囲気となったこと、それらが総合されて定着した言葉だと考えます。大事にしたい街のニュアンスです。

さて、そうした街の雰囲気は単線的に形成されたものではありません。この地を訪れた人の大半は満足して研究生活を送りましたが、なかには、周囲がもう少し人物の人となりやその人の文化的な背景を理解し長く学術生活を続ける基盤を提供していたならば、この街の学都としての魅力をさらに伸張させただろうなあ、と思われる事態もありました。そんなほろ苦いエピソードを紹介するところから、本書のテーマである「文化理解のキーワード」ということを考えてみたいと思います。

＊

今からちょうど八十年前の一九三四（昭和九）年三月七日、『日本文化私観』『日本美の再発見』などの著書において建築家の確かな眼で日本の美を見定めたブルーノ・タウトは、四か月に渉る仙台生活（実滞在五十九日）にピリオドを打ちました。彼はその日早朝の仙台駅での同僚や友人との別れの印象を、次のように『日記』（岩波書店刊）に記しています。

仙台！今では私にとって豊かな内容を盛った声音である。（篠田秀雄訳）

この記述の注目点は「盛った」です。楽しいこと、苦々しいこと、まさに様々なことをタウトは仙台で経験し、それらの複雑な思いが一挙に去来したのです。

というのも、タウトが仙台にやってくるきっかけになったのは、前年の九月五日の日本橋三越で開かれた国立工芸指導所（所在地仙台）の作品展覧会でした。出陳品目のおそまつさに厳しい批評を加えたことが逆にタウトへの期待となり、同所の嘱託を任命され、一一月一〇日には仙台駅に降り立ったのでした。その日の散歩の際の第一印象は田舎特有の「重苦しい」もの。そして、週末の自動車旅行で見た松島や作並の風景には見とれるものもあり、魚中心のホテルの和食も気に入るようになりましたが、仙台生活の核となるはずの工芸指導所に積極的な提案を盛り込み提出した「プログラム」への周囲の反応は決して満足のゆくものではありませんでした。指導所の役人たちの曖昧な対応、さらには彼らの日本文化についての無自覚は、タウトを苛立たせるものですらあったのです。

当時の日本が課題としたのは、外貨獲得目的の欧米への物産の輸出であり、工芸指導所はその先兵として新たな工芸品の開発を託された機関でした。にもかかわらず、日本の伝統技術と先端技術とを盛り込んだはずの工芸品の出来栄えは芳しくなく、価格競争での勝利のみに目が向き、欧米人の嗜好に中途半端に迎合したり、日本の良さを自ら放棄するような傾向が顕著でした。そうした本物志向の欠落が、「いかもの」（いかがなもの、ドイツ語の「kitsch キッチュ」に対応する）としか評価できないアンバランスな「にせもの」製作をもたらしたのでした。

祖国ドイツなどで日本製品の不評を目にしてきたタウトは、そうした状況を打開すべく、日本と日本人に期待を込めた先の「プログラム」を提案したのでしたが、それがほとんど無視されたのです。そして、指導所への期待は反転しました。一九三四年二月一三日、上京していたタウトは失望から仙台を去る決意をします。帰仙すら拒否しようと考えました。仙台に妻を残しての決断でした。しかし、自分を支えてくれる上司や新たにできた友人を思い遣るなかで彼は冷静さを取り戻し、身辺整理の期間をとりつつ自身の考えをわずかでも伝え、そして仙台を離れようと思い直すのでした。

その夜、よき理解者であり友人でもある東北帝国大学法文学部教授児島喜久男とともに訪れた柳宗悦邸で、富本憲吉・濱田庄司らの工芸家や美術愛好家らに、懸案である日本工芸についての所感をタウトは話しました。内容は、「日本の工芸のはらむ最大の危険は、ヨーロッパの工芸品の質を知らないことであ」り、「同様にヨーロッパ人にとって一番危険は日本のいかものに欺かれること」

である、などなどというものでした。

このタウトの日本工芸と日本文化をめぐる考え方とが体系的に再論されたのが、仙台を離れる前日の工芸指導所員に対する講演『質の問題』でした。タウトは言います。

元来「質」というものは、どこの国で創られようとも全く同じであり、それが向上していくというのは、それだけ教養の高い人々があることを意味します。実に質の向上は、それが芽生え、成長し得る文化的地盤を前提しているものであります。

日本には、そのような文化的地盤が歴史的に形成され、現在それが確かに存在するのであるから、日本人は自国の工芸品の質の良否を判断できる。ところが、欧米の製品に対しては他愛もなく良否の判断力を喪失してしまう。欧米の軽薄な流行に流されてしまい、外国製品の無批判な模倣を行っている。それが日本の工芸をだめにしている根本理由である、と指摘するのです。そして、続けます。

自国の伝統を基礎とする「質感」をあらゆる製品に及ぼし、特に今日の外国製品に対して一層鋭くはたらかせるならば、それは日本の人達の為にこの上もないことである。

タウトはこのように工芸品の質の向上が、製作者はもちろん購入者・使用者ひいては一国の文化的基盤の確立にも関係すると主張するのでした。つまり、自国を見る場合にも欧米を見る場合にも「質」の観点を貫くならば日本文化は向上すると語っていたのです。その上での一応の結論の言辞が次です。

すぐれた「質」はどこまでもすぐれた質であり、輸出向けだからといって、本来の厳正な標準に達せぬ製品を拵えてはならぬということであります。換言すれば外国からやってくるつまらぬ人達の嗜好に迎合して、製品の方向をきめる必要は毫もないのであります。「質」に関する限り、こういうことは全く問題外であります。

仙台の工芸指導所の目指すべきは、「質」の追求であり、それが日本の伝統に基づいてなされないと「いかもの」「いんちき」に陥ってしまう、という警句です。そして、次の製品作りの四項からなる根本条件を示しました。

一　材料の正しい選択
二　諸材料の正しい取合わせ
三　材料の正しい処理
四　用の充足

一から三は十分推察可能のことがらですから、四について、タウトの『用』を判定する一つの卓抜な法則」という補足を聞いておきましょう。

今日のように眼がその確かさを多分に失ってしまった時代には（略）作品をまず触覚で吟味することです。しかし、眼がもっぱら判定を与えねばならない色については、新しい製品を、衆目の見るところもはや疑をさしはさむ余地のないような傑作と並べてみて、両者が互いに調和するかどうかを吟味するのが、最もよい方法であります。

眼を欺くような時代あるいは眼が曇ってしまった時代には自分の手の感覚で勝負すべきた、というのです。そしてあくまで本物と比較して善し悪しを決しよう、そう語りかけたタウトでした。（なお、用の観点からする理想的な工芸品の実例をタウトは製作し、それが現在、仙台市博物館に残されています。）

タウトは建築家として技術者として日本文化の美の本質に迫り、桂離宮にたどり着きました。桂離宮は細部にまで用の美が宿っているといいます。タウト以前に桂離宮を評価していた人物が無かったわけではありませんが、タウトの評価はその後の日本文化の評価規準を決定づけるものとなりました。実はそのタウトの文化理解の基本理念である「質」というキーワードは仙台で宣言されていたのでした。

＊＊

本書を「文化理解のキーワード」と名付けたのは他でもありません。タウトの「質」や「用」に比すべき文化を理解し解釈する言葉をお見せするためです。

仙台の地で学術の世界に身を置く本書の執筆者達は、その研究生活の中でそれぞれに文化人類学、宗教学、社会学、美学、哲学といった分野で文化の本質に迫ろうとしています。タウトはその職業柄「材料」という言葉を使って条件化していましたが、本書の執筆者達からすれば、それは「資料」「データ」であり「文献」です。それらを吟味し、鋭い切り口から発せられるキーワードのもとに著作を生み出しています。すべて仙台発の製品群であり、「ほんもの」です。それらを読者の皆さんにお見せし、評価を仰ぎたいのです。手加減せずに批評してください。

まずは、川口幸大「中国の住まいと神々」です。十五年に渉る調査研究の成果として、中国文化を理解するには「家」の構造の変化に着目しなければならない、それが川口の視点です。建築家タウトは日本の床の間の陰にトイレがあったりするところから、床の間は一見すると神聖な場所に見えるが、そこは芸術の集合場所であって日本文化の芸術尊重の傾向を象徴すると論じましたが、文化人類学者川口もやはり建物の構造の細部に眼を凝らし、中国文化の特色と根底とに接近しました。

清朝時代には建物の内にビルドインされていた「門の神」「竈神」らの神々、祭壇に祀られた「神」「位牌」が、イデオロギー偏重の毛沢東の時代に居場所を失ってしまうものの、一九七〇年代末からの改革開放の時代に、後付けの「紙やプレート」や簡易な祭壇のなかに顔を出しはじめ、九〇年代の新たな改革開放の時代になると再び組み込み式祭祀施設、移動可能なボックスタイプの祭壇の中に復活すると論じます。そして現代はプレートやボックス型祭壇に納まった神々は安住の場所を確保しているそうです。祭祀の場の変遷を丹念にたどるなかで、中国における宗教の実態を論じ、政治に翻弄されつつも、持続する宗教の実際を論じたものとして注目されます。

次は、インドネシアの島々に研究のネットワークを有する木村敏明が日本との比較を行いつつインドネシアの宗教事情を解きほぐす「インドネシアで『宗教』について考える」です。彼の地を訪れる際の心構えを説いた最良のガイドブックとも言える論文です。

イスラームの神への祈りを呼び掛ける早朝のアザーンの声に飛び起き、「ジルバッ」を着用するムスリムの女子学生の通学の列にカメラを向け、そこここで出会う祈りの会に集う人々を目にし、「宗教」を考えてしまう。インドネシアを訪れる日本人の共通体験です。木村は宗教学の専門家として、またインドネシアを熟知する研究者として、なぜそうした宗教をめぐる思索を持つのかに答えを出してくれます。

インドネシアにおいて「宗教」は国家統一の根幹をなす重要事項です。そのため国民は国から宗教的な制限をうけ、宗教は国民の義務でもあります。そうした国家と国民と宗教とが織りなす大原則をＩＤカードのような実例を挙げながら解説します。その上で、現今の世界情勢のなかで一面的に論じられがちなイスラム教にインドネシア固有の展開があったこと、それが葛藤と寛容に支えられた調和的なものだったことを元大統領アブドゥルラフマン・ワヒドに託して語ります。そうした木村の語り口はかの国に対する尊重であふれています。この木村のガイドがあればインドネシア旅行に成功すると思います。

第三章は木村邦博「知的柔軟性の国際比較」です。

日本の若者達の職業をめぐる環境は、非正規雇用の割合が増えたり転職率が高かったりと日に日に「雇用の流動化」状況を高めています。そうした社会の荒波を乗り越えるためには「スキル」や「知識」を身に付ける必要があり、とりわけ多角的な観点から的確に処理する能力である「知的柔軟性」を獲得することが求められます。なぜこの「知的柔軟性」に注目するのか。木村は言います。近年、問題解決能力を重視する「学力」が求められるようになったが、そうした学力観と知的柔軟性の概念とが親和性が高く、格差社会へと変貌しつつある日本社会を理解する際には知的柔軟性に着目することが重要だ、と。

そうした木村が設定した問いが、（1）父親・母親では、職業が親本人の知的柔軟性の高さを決める要因になっているか。（2）高校生の進路希望（特に大学進学希望）に対して、親の学歴・職業や高校生本人の知的柔軟性はどのような影響を与えているか、です。そして、その問いへの解答を提示するなかで示されるのが、父親の職業ではなく学歴が知的柔軟性の高さに影響を与える、また高校生の大学進学希望に影響を与えている、といった論点です。それは若い読者の皆さんのみならず親の立場からも興味深いものです。では、母親の場合にはどうか、海外と日本との違いはどうか、などなど、関連する問題についても多角的に解答が示されています。じっくりとお読みください。

建築学の聖地イタリアのヴィチェンツァを故郷とするエンリコ・フォンガロが仙台に暮らす外国人として文化を比較する観点を示したのが「文化の翻訳可能性をめぐって―イタリアの芸術と言語―」です。イタリア語と日本語との間を自在に行き来する筆者が自らの経験に即して、翻訳の難しさと魅力とを論じたエレガントな論文です。

エンリコはまず、翻訳という行為にあっては「異文化間的（インターカルチャー的）」と言える二つの文化の間での往来が生じ、その往来の過程で翻訳者の「解釈」というフィルターがかかると指摘します。その上で、「美」という言葉の日本語（漢字）とイタリア語との共通点・差違を論じ、さらには完全な円である「ジョットのＯ」をめぐるイタリア国内の論争に及び、最終的には西田幾多郎の哲学との関係に行き至ります。このスケールの大きな比較文化論も、例示された挿絵を頼りにすると容易に理解できます。ごくごく個人的な感慨ですが、二一世紀の「わがタウト」に魅了されると思います。

最後の村山達也「信仰への二つのたくらみ―『パスカルの賭け』をめぐって―」は、冒頭に「古典を読む意味」という表題が置かれていることから知られるように、学問の本質に迫る議論です。古典という代表的な傑作は先行する多くを継受し新たな価値を創造し追随者を生む。したがって、古典を読むとは文化の歴史を知ることに繋がる。この立場から村山が取り上げるのが、パスカルの『パンセ』なのです。

村山は『パンセ』のなかに仕込まれた「神は存在するかどうか」の問いをめぐって様々に思索しいろいろな角度から解釈を施し、まさに『パンセ』の新たな読み方を示します。その上で、主題である「信仰」の問題を論じきります。

パスカルが「賭け」の議論を通じて読者をさらにその先にある「信仰」へと誘い込んでいるというしかけを創ったというのが村山の『パンセ』に読み取ったものです。倫理学に関心を持つ読者の皆さんは、筆者の思索をたよりにパスカルと格闘してみてください。『パンセ』の理解が深まること請け合いです。一方、高校の倫理は苦手な科目だ、だったと感じている皆さんは、筆者の語り口に注意して読んでみてください。すると教科書とは違った本物の天才パスカルが現前にたちあらわれると思います。村山の「たくらみ」が何かがわかると思います。

以上のように、本書の五つの論文はその論述の視座もスタイルも各自バラバラですが、論点は明確ですし、大変魅力的なものです。ただし、紙幅の関係もあり部分的には論じ尽くしていない所もあるかと思います。読者の皆様は、タウト流に本物と比較検討し、その上でやはりタウト流の「質」の観点から厳しい評価していただけるならば幸いです。

＊＊＊

最後に、本書がまとめられたバックグラウンドについて補足しておきます。

本書は、平成二十五（二〇一三）年五月から平成二十六年一〇月までの二年間に、有備館講座（宮城県大崎市で開催）と齋理蔵の講座（宮城県丸森町で開催）で行われた合わせて二十回の市民公開講座の講演から五回分を抜き出したものです。その講演の統一テーマが「文化理解のキーワード」でした。

実はこのテーマは、東北大学大学院文学研究科とローマ大学サピエンツァ校、ライデン大学人文学部が持ち回りで開催する国際シンポジウムの基礎となるテーマでもあります。三つの大学の研究者たちがそれぞれに自分の研究をアピールする際に自身の培った研究を象徴する言葉をキーワードとして提供し、それを様々な角度から論じてみようという意図から設定されたものです。国際シンポジウムは、平成二十五年三月にローマで、二十六年三月にはライデンで開催されました。二十七年には仙台で開催される予定です。

こうした国際的な検証に堪えるキーワード作りを、地元の市民講座の場を借りて行っていたわけです。まだまだお見せしていないキーワードが少なくとも十五個は残っていますし、これからも続々と提供されてゆくと思います。乞うご期待、ということで駄文を締めくくらせていただきます。

二〇一四（平成二十六）年一一月一日

高橋章則

中国の住まいと神々

川口幸大

1 中国の住まいと神々

川口幸大

はじめに

「異文化理解のキーワード」は何か？　皆さんなら、どのように答えるでしょうか。いきなりたずねられると、答えるのはなかなか難しいかもしれませんね。「異文化」とは、読んで字のごとく、「自分（たち）とは異なる文化」のことです。では、それを理解するための鍵となるような、重要な言葉／概念とはどのようなものでしょうか。これでもまだ少し漠然としているかもしれません。では、まず、「自分たちとは異なる文化」とは何のことか、ここから考えてみましょう。

例えば、あなたが「朝起きたら、まずテレビをつけ、NHKのニュースを見る」とします。もしこれが、あなたがNHKのニュースが好きで、そうすると決めているだけなら、それを文化と言うことは普通ありません。一般的に、ごくごく個人的な嗜好や習慣のことを文化とは表現しないからです。しかし、嗜好や習慣は、あなたがたった一人で身につけたものでしょうか。もしかすると、あなたが生まれ育った家では、朝には必ずＮＨＫのニュースが流れ、あなたたちはそれを見ながら食卓を囲んでいたのかもしれません。そしてあなたも今、あるいは近い将来、あなたの家族や同居人とＮＨＫのニュースを見ながら朝ご飯を食べる、そしてそうした中で育った次の世代の者も、やはりいつか同じように、朝はＮＨＫのニュースを見ている。こうなると、「朝にＮＨＫのニュースを見る」というのは、間違いなくあなたたちの文化です。なぜなら、文化には「ある程度のまとまりを持った人たちによって継承されてゆく振る舞いのこと」という面が確実にあるからです。

「ある程度のまとまり」というのもまた、曖昧な表現です。先ほどのテレビの話で言うと、例えば子どものころに、親戚や友達の家に泊まったことはありませんでしたか。そのとき、ここでは朝ご飯の時には違う番組を見ているな、とか、そもそも朝食時にはテレビを見ないのだな、と気がつくことがあったかもしれません。「朝には（ＮＨＫではなく）○○放送の番組を見る」とか、「朝ご飯の時にはテレビは見ない」もまた、その家の文化です。そして、必ずＮＨＫを見ている自分たちとは違うわけですから、これこそがまさに「異文化」なのですね。そう考えると、何も朝に見るテレビ番組に限らず、よその家ではたくさんの異文化と出会います。見慣れないたたずまいの玄関を入ると、自分の家にはいない犬に吠えられ、三和土を上がると馴染みのないにおいが鼻をつき……、トイレの場所、洗面所、出されるおやつ……、何もかもがうちとは違う！誰しもそういう経験はあるでしょう。そう、他人の家はまさに異文化の宝庫なのです。逆に言えば、異文化を理解するために、家は大きな手がかりとなる。家は、異文化理解のキーワードなのです。

前置きが長くなりましたが、私が「異文化理解のキーワード」として注目するのは「家」です。では、どこの家か。先ほどから述べているように、私たちにとって、他人の家、例えば近所の友人の家も立派な異文化なのですが、ここではもう少し足を伸ばして、中国の家を取り上げることにします。私は文化人類学を専門とし、十五年間ほど中国で調査をしているというのがその大きな理由です。もう一つ言えば、近年、日本と中国の間には、お互いをかなり偏った先入観やイメージをもって見る／語るという傾向が少なからずあるので、まずは相手のことを、それも日常の暮らしといった目線から理解するのが大切だと考えるからです。異文化としての家を眺めると、中国社会のどのような側面が見えてくるでしょうか。そして、そこから今度は自分たちの家、さらには自分たちの社会について、どのようなことが分かるでしょうか。ではさっそく、家をというキーワードをたずさえて、異文化理解に出かけましょう。

一　中国、広東省の村

ひとくちに中国と言っても、ご存じの通り、その国土は広い。中国の面積は約九三〇万平方キロメートル、ざっと日本の二五倍です。そこに約一三億四千万人の人が暮らしています。ですから、「中国は〜だ」と一般化して話すのはとても難しいのですが、今回は私が調査を行っている広東省の広州市近郊の村を例として取り上げることにします。

広東省は中国の東南部に位置しており、そのほぼ中心にあるのが省都の広州です。広州は北京や上海と並ぶ、中国を代表する大都市で、人口は一二七〇万人。一人あたりのGDPは中国でトップの約一五九万円で（国内平均は約六二万円）、国内において最も豊かな地域と言えます。日本に暮らす我々には、広東料理や飲茶など、広州の食には馴染みがあるでしょう。「食在広州」、すなわち「食は広州にあり」という言葉が示すように、食文化は広州の特色の一つです。

私がフィールドワークを行っている村は、広州市の中心部から地下鉄とバスを乗り継いで一時間あまりのところに位置しています。この村の人口は約八千人。住民たちは一九七〇年代までは主に農業をしていましたが、一九八〇年代からは「改革開放」を契機として周囲に新しく建てられた工場や企業で働くようになったり、大小様々な規模の商売をしたりするようになり、今では農業にたずさわっている人はほとんどいません。人々の収入は、平均すると、ひと月に日本円で二万円から三万円ほど。農村部の全国平均が約六三〇〇円ですから、この村の人々は農村としては格段に豊かな生活を送っていると言えます。先述の地下鉄が開通したのは二〇〇六年のことで、これから数年後には村のほど近くに高速鉄道（日本で言うと新幹線）の駅ができる予定です。周囲には高層マンションが相次いで建設され、人々のライフスタイルとともに景観も大きく変わっています。著しい経済発展と、目まぐるしい社会変化を経験している現代中国。この村はまさにその典型なのです。

二　中国の家

さて、ここからはいよいよ中国の家について見てゆきましょう。「家」と言った時、日本では、例えば「家を建てる」と言うように、建造物としての家と、「〇〇家の長男」など、そこに暮らす人々を指す場合がありますね。これは中国でも同じです。ですので、本稿でもその両方の視点から家を捉えてゆきたいと思います。ただし、人々の暮らしを記述するというのはあまりに漠然としていますので、もう少し焦点を絞って、人々が家の中に祀る神々に着目することにします。各々の家に祀られた神々には、人々の世界観や価値観、すなわち文化が投影されているからです。それに、どこにどんな神を祀るかは、建築物としての家の構造のあり方と密接な関係にあります。つまり建物としての家とそこに祀られた神々の双方に着目することで、フィジカルとスピリチュアルの両面を連関させながら家を理解することができるのです。

次に、本稿の進め方として、時代を大きく四つ、すなわち一九四九年以前、一九四九年から一九七〇年代末、一九八〇年代から二〇〇〇年、そして二〇〇〇年代以降に分けて、それぞれの時期の家を見てゆきたいと思います。なぜなら、この四つの時期にはいずれも中央の政治体制あるいは政府の方針が大きく変わり、それに応じて家とそこに祀られる神々のあり方も大きな変化を経験しているからです。現在の日本で暮らす我々には、政治体制が変わると家の様子が変わるというのは馴染みのないこともしれません。例えば政府の経済政策によって景気がよくなったから地価やマンションの値段が上がるとか、住宅ローン減税によって家を購入する人が増えるといったことは日本でもありますが、それは主として経済面での政策であって、しかもそれによって実際に家を売ったり買ったり、あるいは立て替えなどして家のかたちを変える人は限られているでしょう。ましてや、政府の政策によって家の中の神棚や仏壇のあり方が変わったというようなことは、少なくとも今日ではありませんね。しかし、中国では中央の政治の変動によって、とりわけ農村部においては、人々が暮らす家のかたちと家屋内に祀られる神々の様子が一変します。それはどういうことなのでしょうか。次から実際に見てゆきましょう。

(一) 一九世紀、清代の家

まずは、一八世紀から一九世紀に建てられた家について見てゆきましょう。なぜはじめにこの時期に着目するのかと言えば、今日、振り返ったときに、そこが中国の「伝統」と形容されることが多いからです。一九一二年に清王朝が倒され、さらに後に述べるように、一九四九年には共産党が中華人民共和国を建てて、社会の様子は大きく変わります。もちろんそれまでにも変化がなかったわけではないのですが、中国では長きにわたって王朝が続いてきましたから、特にその末期までに確立していたものごとを「伝統」と称するのです。ちょうど、明治維新前の、江戸中末期の日本のイメージに近いと思います。よってここでは、「伝統」期中国の「伝統」的な家を、その後に迎える様々な変化を考えてゆくための一つの準拠点として位置づけておきたいと思います。

現在の村には、こうした「伝統」的な家がいくつか残っています。各家とも、もちろん細部には異なっている部分もあるのですが、おおよその構造としては共通する部分が多いのです。まずは家の外観に目を向けましょう。この時期の家は、大きなものでもたいていは二階建てです。外壁はくすんだねずみ色の煉瓦でできています。これを現地の言葉では、「青磚《チエンジュン》」（注1）と言い、「青い煉瓦」という意味です。外壁には縦八〇センチ、横三〇センチほどの細長い窓が設けられているのも特徴的です【図1】。この時期の家には、防犯のため、さらには悪い「気」の侵入を避けるために、大きな窓を設けることはありませんでした。つまり、外から悪いものや災厄が入ってくるのを防ぐという考えがあり、これは後述する門の神にも共通しています。

一階の入り口を入ったところには、吹き抜けになった中庭状のスペースが設けられています。これは「天井《ティンジェン》」と呼ばれ、家の通気を保つという働きがあります。また先述のように、ごく細長い窓しかないために家の中は暗いのですが、この天井によって内部に光も入ってきます。

天井を進むと、「正庁《ジェンティーン》」、いわゆるメインルームがあります。この正庁と外壁の間には、煮炊き

【図 1】 清代の家の外観：細長い窓が設置されている

をするためのかまどが設けられています。煉瓦で固められた炉の下部に薪をくべて火をおこし、上部に固定された大きな鉄鍋で煮炊きをしたのです。現在はガスコンロが普及しており、こうしたかまどを使っている人はほとんどいません。

正庁の両脇には二階へと続く階段がありま す。この階段は、今の我々の感覚から言うと、かなり細く、それに急勾配です。二階には二つほどの部屋があり、主に寝室として使われていました。

次に、家の中に祀られている神々について見てゆきましょう。入り口の扉を入った左側の壁には門を守る神、「門官《ムングン》」が祀られています。この神は、家に邪悪なものが入らないように、入り口で見張っているのです。たいていは、

「門官土地福徳正神《ムングントウディフォッダッジェンサン》」という文字を彫り込んだ石版を壁に埋め込むかたちで祀られています。その周囲には手の込んだ彫刻の意匠が施されています【図2】。

先述の「天井」、すなわち中庭状のスペースには「天官《ティングン》」が祀られています。「天官」とは、天から降臨してきた神です。天から降りてくるので、頭上が開けた場所に祀られているのです。その中庭の地表から二メートルほどの高さの壁に、「天官賜福《ティングンチィフォッ》」と赤地に白の浮き彫りが施されたプレートが埋め込まれています。門の神と同じように、周囲には彫刻による装飾が施されています。プレートの下には筒状の容器が備え付けられています。ここに線香とろうそくを上げるのです【図3】。

【図2】　清代の家に祀られた門の神：壁に組み込まれている

正庁、すなわちメインルームに祀られているのは、その家にとって最も重要な神と祖先です。メインルームの正面の壁の上部に、左右の壁の端から端までを渡すかたちで木版が備えつけられています。これが神と祖先を祀るための「神台《サントーイ》」、すなわち祭壇です。日本で言うと、神棚と仏壇を併せたものと言ってよいでしょう。その中央には、「神《サン》」と彫り込まれた、幅六〇センチ、縦一メートルほど

【図 3】 清代の家に祀られた天官：頭上が開けた場所に祀られている

【図 4】 清代の家の祭壇：中央に「神」と彫られた木版が祀られている

【図 5】 祭壇の左側に祀られた祖先の位牌

の木版が置かれています【図 4】。これがこの家の神です。そして祭壇に向かって左側には、祖先の位牌が祀られています。たいていは、その家に暮らす最上位世代の者から数えて四世代前まで、すなわち父、祖父、曾祖父、高祖父とそれぞれの妻の位牌を祀ります【図 5】。肖像や写真の遺影が掛けられている場合もあります。神の木版と位牌それぞれの前には線香とろうそくを立てるための燭台が置かれています。なお、神を中央に、祖先の位牌を左側に置くのは、神明世界のランクにおいて神が最上位にあるからです。

祭壇の下には、「五方五土五帝龍神《ンフアッントウンダイロンサン》 前後地主護《チンハウデイジユウウウ》宅之神《ザッジイサン》」という文字が刻まれた木版が置かれています【図 6】。あえて訳すなら「全方位の龍神と、この家を守ってくれる土地の神様」という意味でしょう。これは土地を守る神で、人々はそれを「土地《トウデイ》

【図6】 祭壇の下に祀られた土地公

公《ゴーン》」あるいは「地主《デイジュウ》」と呼びます。その前には線香とろうそくを供えるための鉢が置かれています。

かまどには、「竈君《ジョウグアン》」と呼ばれる神が祀られています。竈、すなわち、かまどの神様です。このかまどの神は、当家の人々の行いを監視していて、年末の一二月二四日には天に帰り、それを天上の神に報告します。人々はできるだけよい報告をしてもらおうと、その日にはかまどの神に線香とろうそくを上げ、食品を供えます。これを「謝竈《ジェジョウ》」と言います。かまどの神は一二月三〇日の大晦日に再び降臨して、次の一年も厨房にて人々の行状を見守るのです。その際には、「接竈《ジップジョウ》」、すなわち供え物を用意して、かまどの神を迎える儀礼を行います。

このように、清代の家には様々な神が祀られています。改めて整理すると、入り口には門の神、中庭には天官、メインルームには神と祖先の位牌、その下には土地公、かまどには竈君です。いずれにも美しい文字を彫り込んだ木板や石版が用いられ、天官や門官の周囲には入念な彫刻が施されています。かなり手の込んだ意匠が施されているのが見て取れます。また、門の神、天官、かまどの神は壁に埋め込まれるかたちで祀られており、祭壇も厚い木板を壁の端から端に渡すかたちのものです。つまり、この時期の神々は、家屋の構造にあらかじめビルドインされている、「組み込み型」なのです。入念な意匠と組み込み型というのが、この時期の家屋に祀られた神々の特徴です。

（二）毛沢東時代の家と神々―一九四九～一九七〇年代

一九四九年、毛沢東に率いられた共産党によって中華人民共和国が建国されました。共産党政府は、共産主義に基づいた社会の実現に向けて、さまざまな政策を打ち出します。以後、一九七六年に毛沢東が死去し、一九七八年の「改革開放」に代表される国家的な政策の転換期までの三〇年間は、集団体制期、あるいは英語圏の研究者たちの間ではMao's Era、すなわち毛沢東の時代と呼ばれています。

この時期に農村部では生産、流通、販売を一元的に管理統制する人民公社が編成され、人々の暮らしは一変しました。さらに政府は共産主義のイデオロギーを普及させるために、それまでの思想や信仰を徹底的に批判しました。とりわけ文化大革命期には、紅衛兵が家の中まで入り込んで家宅捜索をし、家に祀られていた神々のプレートや位牌を破壊することも珍しくありませんでしたから、それらを見つからない場所に隠していた人もいました。従来の儀礼を行うことはできなくなり、代わりに毛沢東の肖像画や共産党のスローガンを書いた紙を貼って革命歌を歌うことが義務づけられました。しかしながら、集団主義のもとでは生産が伸びずに経済は停滞し、大躍進や文化大革命などの政治キャンペーンは大きな混乱を招いて社会は疲弊しました。食うや食わずの時期もあったほどで、多くの人々にとって新しい家を建てる余裕はありませんでした（注2）。

共産党は、それまでの政治、経済、生産活動、思想、信仰に至るまでの全てを批判し、刷新しようとし、そして多くの点でそれらを実行に移したわけですから、まさに革命を成し遂げたわけです。家について見ても、もはや清代のような家屋を建てる、あるいは建てることのできる者はいなくなりましたし、それまでのように神々を祀ることもできなくなりました。家とそこに祀られた神々のかたちは、共産党の政策によって甚大な変化を余儀なくされたのです。しかしイデオロギーに偏重し、実利の伴わない体制は長続きしませんでした。以下に述べる通り、一九七〇年代の末から、社会の体制は再び大きな転換を経験することになります。

（三）　改革開放期の家①——一九七〇年代末～一九八〇年代

一九七〇年代の末、毛沢東の死去後に権力を握った鄧小平が経済発展を軸とした近代化へと国策を転換すると、農村部の暮らしは再び大きな変化を迎えます。生産活動の面でより大きな自由を手にした人々は、もはや農業にはとどまらず、様々な賃金労働に就いたり、商売を始めたりするようになりました。また、広州を中心とする珠江デルタ地帯には香港や台湾を含む海外資本の工場が相次いで建設されましたから、周辺の村々の経済状況は一気に好転しました。また宗教や信仰に対しても、毛沢東時代の極端な統制は緩和され、徐々にではありますが、儀礼や祭祀も再開されるようになりました。

こうした状況を受けて、家と神々をめぐる状況にも変化が訪れます。生活に余裕の出た人々が新たに家を建てるようになったのです。多くの場合、もとあった場所に、レンガとセメントを用いた二階建ての家を建てました。自分たちで建築作業をすることも多く、費用は五千元以下で事足りたと言います(現在のレートでは七万五千円ほどですが、当時のレートでは約六〇万円に相当します)。

この時期に建てられた家の特徴としてまず挙げられるのは、外壁を白いセメントで塗り固めているという点です。上述したように、清代の家はねずみ色のレンガ造りでしたから、外観からも一目で違いが分かります。次に、五〇センチ四方の窓が設けられているのも特徴的です【図7】。ごく細い、通気口のような窓しかなかった清代の家に比べると、かなり多くの光が入ってくるので、室内はずいぶん明るく感じます。ただし、窓には防犯のための鉄格子が備えつけられています。中庭は設けられていません。その分、例えば一階は居間と三部屋、二階にも三部屋というように、部屋数を多く取っている点も新しい変化として指摘できるでしょう。より明るく、快適で、プライバシーにも配慮した構造になっていることがうかがわれます。

次に、神々についてはどうでしょうか。清代の家では、門の神、天官、かまどの神は壁に埋め込まれるかたちで祀られていました。それに対して、この時期の家におけるそれらの神々は、文字を

【図 7】 1970 年代末に建てられた家の外観：白いセメントで塗り固められ、大きめの窓が設けられている

【図 8】 1970 年代末に建てられた家の門の神：紙を貼り付けるかたちで祀られている

記した紙やプレートを貼り付けるかたちで祀られています。入り口の門を入ったところには、赤地に金色の字で「門官土地福徳正神」と書かれた紙が貼り付けられています。これが門の神です【図 8】。文面はほぼ同じですが、レンガの壁に組み込まれていた清代のものとは大きく異なっています。家屋と外塀の間の壁には、天官が、やはり赤地に金色の文字で「天官賜福」と書いた紙を入れたプレートを掛けるかたちで祀られています。かまどの神もまた、「定《ディン》福《フォック》灶《ジョウ》君《グアン》」と書かれた紙を厨房の足もとに貼り付けるかたちで祀られています（「灶」は「竈」の簡体字です）【図 9】。

続いて、祭壇について見てみましょう。前述のように、清代の家では、メインルームの壁の両端を渡した木版の祭壇が備えつけられ

【図 9】 1970 年代末に建てられた家のかまど神：プレートを掛けるかたちで祀られている

ていました。それに対して、この時期に建てられた家の祭壇は、部屋の上部の角に、まるで棚のように取り付けられており、その上に位牌と、線香を上げる鉢が置かれています【図10】。大きさは縦三〇センチ、横五〇センチほどと、清代の祭壇に比べるとずいぶんと小さな規模ですし、何より、厚い木板を両端の壁に渡した祭壇のような重厚さはなく、いかにも簡易なつくりなのです。

このように、一九七〇年代末から一九八〇年代にかけて建てられた家の神々や祭壇は、清代の家のものとはかなり異なっています。最大の違いは、清代の家の神々はあらかじめ家屋に組み込まれるかたちで祀られていたのに対して、この時期の家に祀られた神々は後から取り付けられたものだということです。

【図 10】 1970 年代末に建てられた家の祭壇：棚のように取り付けられている

これはどうしてでしょうか。

前述の通り、一九四九年以降、いわゆる「伝統的な」習慣や信仰は共産党政府から厳しく批判されてきました。人々が家を新築しはじめる一九七〇年代末から一九八〇年代には、文化大革命の混乱が収束して中央政府は経済改革に舵を切っていましたが、その当時はまだ家屋の設計時に神々をビルドインさせることはできなかったのです。共産党政府は宗教や信仰への統制を弱めたとは言え、それらは社会の進歩によって消滅してゆくべきであるというマルクス主義に基づいた認識を変えてはいませんでした し、「迷信」批判のキャンペーンも引き続き行っていました。家屋に神々を組み込むことは、その時点ではまだ危険すぎたのです。そこで人々は、紙やプレート上に記した神々を後から取り付けてゆきました。これだと、もしも批判を受けても、すぐに取り外すことができます。そして、どうやら党政府は表だった批判はしないということが分かってくると、神々の名を記した紙やプレートを売る店ができはじめます。一九九〇年代からは、たいていの人々はそれらを店で購入し、家の中に取り付けて祀るようになりました。年末には新しいものと張り替えるために、市場には特設のスペースが設けられるほどになっています。村の人々は、共産党政府の政策方針を見極めながら、従来通りの神々を祀ろうとしてきたのです。

このように、一九七〇年代末から新しく建てられるようになった家の特徴としては、まず外壁を明るい色にしたり、大きめの窓を設けたり、スペースを区切って部屋数を多くしたりと、居住空間としての快適性がより追求されている点を指摘できます。清代の家に比べると、現代の家の構造により近いと言えるでしょう。神々は、あらかじめ組み込まれるのではなく、後から取り付けるかたちで祀られています。その点では清代のものとは大きく異なっていますが、一方で、祀られる位置、すなわち門の神は家の入り口、天官は頭上が開けたスペース、かまど神は厨房という点については変化はありません。組み込み型から取り付け型へと変わっても、可能な限り「伝統的な」かたちで神々を祀りたいという人々の志向が見て取れるのです。

（四） 改革開放期の家②――一九九〇年代〜二〇〇〇年代

さて次は、改革開放期の第二期として、一九九〇年台以降、すなわち経済改革が軌道に乗り、人々がより豊かな生活を送るようになった時期に建てられた家について見てゆきましょう。先ほど述べた一九七〇年代末から一九八〇年代というのは、三〇年にわたる毛沢東の時代が幕を閉じ、改革開放の大号令の元、中国が世界に向けて扉を開いた時期でした。それまで人民公社で農業をせざるをえなかった農村部の人々は、新しくできた工場で働いたり、様々な商売を始めたりして、村での暮らしは大きな変化の中にありました。それから一〇年あまりが経過して一九九〇年代になると、とりわけ広州周辺の人々は確実に豊かな生活を実現できるようになっていました。この時期、何らかのかたちで成功した農村部の人たちは、こぞって新しい家を建てるようになります。それは、前掲の一九八〇年代の家には見られなかった新しい特徴をいくつも備えていました。

この時期に建てられた家は四、五階建てで、以前のものと比べると高さの点で際立っています。さらに、外壁がピンクやオレンジといった明るい色のタイルで覆われているのも新しい傾向です【図11】。なおかつ、それまでの居住区とは別の、新しい場所に新築されている点も指摘しておかなければなりません。これは、地元政府がそれまで農地だった土地を転用し、住宅地にして売り出すという政策をとりはじめたことによるものです。経済改革の機に乗じて財力を蓄えた人々は、村の新しい場所に、新しい家を建てはじめたのです。

【図 11】 1990 年代から 2000 年代に建てられるようになった家の外観：4、5 階建てで、外壁はカラフルなタイルで覆われている

この新しい家の各フロアは、多くの場合、それぞれに三つほどの部屋と一つのリビング、それにバストイレが備わっており、独立した住居として利用できるようになっています。階段も各階の外側に付いていますから、昇降のたびに他の階の部屋を横切る必要はありません。各階に一つずつマンションタイプの住居があるとイメージしていただければ分かりやすいでしょうか。ですから、両親とその兄弟の家族がそれぞれの階を使い、建物としては同じ一つの家に居住しているというケースもあれば、自分たちは一階と二階を使い、その他の階は他人に貸し出しているというケースもあります。この時期に村には相次いで工場が建てられ、出稼ぎの労働者が大挙して押し寄せるようになっていたので、こう

【図 12】 筆者が調査時に借りていた部屋：大きな窓が設けられ、部屋には光が降り注ぐ

した部屋の賃貸は需要があったのです。ちなみに、私も二〇〇一年一〇月から約一年間は、フィールドワークのために、このタイプの家のワンフロアを借りて生活していました【図12】。

各階のそれぞれの部屋には、一メートル四方、あるいは縦一メートル、横二メートルほどの大きな窓が備わっており、光がふんだんに入ってきます。窓の大きさについて言うと、従来のどの家屋のものよりも大きく、我々が住む家屋のものと変わりません。いずれの窓も堅牢な鉄格子で覆われています。ただし、人々の話によると、最近は治安が悪くなったから、こうした防犯対策が必要だということです。治安に配慮したつくりは清代の家から続く特徴ですが、カラフルな外観の家のあらゆる窓に鉄格子がつけられている様はやはり人目を引きます。その他と

【図 13】 2000 年代に建てられた家に祀られたかまど神：壁に組み込まれるかたちで祀られている

しては、各部屋はそれぞれ内側から鍵をかけることができ、プライバシーが保たれるようになっています。このように、一九九〇年代末から建てられるようになった新しい家は、各フロアだけを見れば、都心部のマンションと変わらないつくりだと言えます。

では次に、この新しい家に祀られている神々について見てゆきましょう。最大の特徴は、組み込み式が再び採用されるようになったということです。家の入り口には「門口土地福神」、厨房には「定福灶君」と刻まれたタイルがそれぞれ壁に埋め込まれています【図13】。すなわち、清代の伝統的な家と同様に、門の神とかまどの神が建設時にあらかじめビルドインされた「組み込み式」で祀られるようになっているのです。この時期には、政府はもはやこうした民間の信

【図 14】 ボックス型の祭壇：上段に神が、中段に祖先の位牌が、下段に土地公が祀られている

仰に強く介入することはなくなっていました。人々の側ではその潮目を読み、新築の際に組み込み式の神を復活させたのです。

一方で、この時期の家に中庭はないので、天官は従来の位置には祀ることはできません。多くの家では、「天官賜福」と記された紙を入れたプレートをベランダの欄干に立てかけたり、壁に掛けたりして祀っています。中庭はなくとも、天上から降臨する天官は頭上が開けた場所に祀っているのです。

祭壇にも大きな変化が見られます。組み込み型が再び採用されるようになったとは言っても、この新しい家屋においては、さすがに壁の端から端を木版で渡すかたちの祭壇は設けられていません。代わりに用いられているのが、私が「ボックス型」と呼ぶタイプの祭壇です。多くは、幅九〇センチ、高さ一七〇センチほどの、三層のカラーボックスのような形をしています。その一番上の層には神を祀り、二番目には祖先の位牌を祀り、三段目には土地神を祀ります【図14】。上から順に、神—祖先—土地神というランクに準じているわけです。このボックス型の祭壇は、家屋に固定されているわけではありませんから、部屋のレイアウトに応じた配置が可能です。より現代的な家のかたちに応じた利便性が、祭壇にも追求されているのです。

このように、一九九〇年代から建てられるようになった家は、多くの点でそれまでとはかなり異なった特徴を備えています。まず村の新しい居住区に建てられたこと、さらには四、五階建てという高さ、そして派手な色の外壁などによって、その区域における村の景観は一変しました。また、大きな窓を設けたり、各フロアと部屋ごとにプライバシーの保たれる作りにするなど、現代的な利便性と快適性を追求したという点も大きな特徴です。神々については、組み込み式が再び採用されて「伝統」的な要素が復活したという点と、それまでにはなかったボックス型の祭壇が新たに用いられるようになったという変化を共に指摘することができます。同時に、かまど神は厨房に、天官は頭上の開けたところにというように、神々を祀る位置は所定通りですし、神—祖先—土地神というランクに準じた祀り方にも従来のかたちが維持されています。表向きはいろいろな変化が見られますが、構造そのものには持続性が顕著なのです。

（五）最新の傾向—高層マンション

最後に、ここ数年来の傾向について紹介したいと思います。村の近くに地下鉄の駅ができ、都市部とのアクセスが格段に向上したのは冒頭で述べた通りです。それと相前後して、村の周辺、ある

【図 15】 近年、相次いで建てられているマンション

いはより都市部に近い地域には高層マンションが相次いで建てられるようになっています。そして、村に住んでいた人の中にも、そうしたマンションを購入して移り住む人たちが出てきました。

こうしたマンションはたいてい複数棟が集合して建てられていて、敷地内には公園や各種商店を備えています【図15】。入り口には警備員が常駐しており、関係者以外は立ち入れないようになっています。このような点は都心部のマンションと変わりありませんし、部屋の造りなどもほぼ同じです。農村部の人たちも都市的な環境の住居に暮らしはじめたということになります。なお、日本と比べると、戸建ての住宅に対するこだわりや、集合住宅への抵抗感などはほとんど感じられないと言ってよいでしょう。むしろ、マンションを買って住んでいるという方が、よりお金持ちで豊かな生活を営んでいるというイ

【図 16】 マンションの入り口に祀られた門の神：壁に組み込まれている

【図 17】 マンションのベランダに祀られた天官

メージがあります。

では、こうしたマンションに神々はどう祀られているのでしょうか。結論から言うと、先に述べた、一九九〇年代末から二〇〇〇年代にかけて建てられた四、五階建ての家屋のものとの連続性が見て取れます。入り口のドアの横には「門口土地福神」と掘られたプレートが組み込まれており、その前には線香を上げるための鉢が置かれています【図16】。リビングルームには、ボックス型の祭壇が置かれています。そしてベランダには天官が祀られています【図17】。このように、マンションの家屋に移り住んだ人たちの間にも、神々の種類はそのままに、かつ可能な限り所定の位置に祀り、祭壇は家屋の構造に適したボックス型を使用するというかたちが引き継がれているのです。また、年に幾度かの祭日には、これらの神々に線香とろうそくを上げ、食品を供えるという点についても変化はありません。居住環境は変わっても、神々の祭り方についての基本的なかたちと祭祀のあり方には顕著な持続性が認められるのです。

三　社会変化と家の変遷

これまでに、一八世紀から一九世紀の清代に始まり、二〇〇〇年代の最新のものに至るまで、広東省広州市の農村部における家とそこに祀られた神々の変遷について見てきました。ここではそれを簡潔に振り返りましょう。

清代の家は当時の社会状況と人々の信仰のあり方が結実した構造をしていました。治安と「気」への対処のために、ごく細く小さい窓しか設けない、その代わりに家屋内に頭上の開けたスペースを設けて、光と風を招き入れる。そこには天から降臨した神である天官を祀る。入り口の門の神は外から悪いものが侵入しないように監視し、厨房には住人の行状を見守りつつも監督するかまど神が鎮座します。メインルームには壁の端から端を渡すかたちで祭壇が設けられ、正面に神、向かって左に祖先の位牌、その下には土地公が祀られています。家屋の中心となる部屋はまさに神と祖先によって占められているのです。そして、そうした神々と祭壇はいずれも、家屋にあらかじめビルドイン、すなわち家のつくりに組み込まれていました。家と神々はまさに一体の構造をなしていたのです。

一九四九年に共産党が中華人民共和国を建国すると、家とそこに祀られた神々を取り巻く状況は一変します。政治的なキャンペーンや極端な集団主義のために、経済が疲弊し、人々が新しい家を建てるのは難しい時期が続きました。また、共産党政府は古い文化や信仰の弾圧を進めましたから、神々のプレートや位牌は破棄されることもありましたし、特に位牌は見つからないように隠していた人も多くいました。神や祖先に儀礼を捧げることは、少なくとも表立っては、不可能になりました。

一九七〇年代の末に共産党政府は共産主義の実現を棚上げにして、経済発展を軸にした近代化へと国策を転換し、それにともなって宗教や信仰への統制も緩和しました。経済が向上すると、多くの人々が家を建てはじめました。その多くは、白いセメントで外壁を塗り、清代のものと比べると、より大きな窓とより多くの部屋数を設け、居住性を重視したつくりにしました。当初、神々を祀ることができるかどうかは微妙な状況でしたので、家屋に組み込むかたちにはせず、天官やかまど神は後に紙やプレートを貼り付けるタイプを、祭壇は部屋の四隅のいずれかに取り付ける棚状のもの、すなわち「取り付け型」を採用しました。それでも、約三〇年にわたって途絶えていた家の新築と神々への祭祀が再開されたのは大きな変化でした。

一九九〇年代半ばからは、経済発展の恩恵を受けた人々がより大きな家を、政府が新たに宅地開発した場所に建てはじめます。外壁をカラフルなタイルで覆った四、五階建ての新たな家は、各フロアが独立しており、兄弟や親とともに暮らすこともできますし、この時期に増えた出稼ぎ労働者に賃貸して収入を得ることもできます。社会の状況に合わせた居住性と利便性がさらに追求された構造になっているのです。神々については、政府が民間の信仰に厳しい批判をしてくることはもはやないだろうという雰囲気の中、組み込み型が復活しました。同時に祭壇は、部屋の端から端に木版を備え付けるタイプが再び用いられることはなく、ボックス型の新しいタイプが普及しました。従来のあり方に忠実に神々を祀るという志向と、居住環境の快適性と利便性を追求するという両者のバランスがうまく取られていると言ってよいでしょう。

二〇〇〇年を過ぎると、村の周辺にも都心部と変わらない高層マンションが建てられるようになり、それらを購入して移り住む人も出てきました。敷地内には整備された公園を備え、周囲を柵で囲って警備員が常駐しているマンションは、それまでの農村部の住宅環境とは大きく異なっているように見えます。しかしその一方で、神々のいくつかは組み込み型で所定の位置に、天官は頭上が開けたベランダに、神と祖先と土地公はボックス型の祭壇に祀られている点には変化はありません。人々は経済発展の恩恵を受け、都市的な居住環境のもとで暮らすようになりつつも、神々の祀り方には農村社会において培われたかたちを保持し続けているのです。

おわりに

多くの場合、我々は家で寝起きし、調理をして食卓を囲み、家族と共に過ごしたり、あるいは神や祖先に祈りを捧げたりします。家は人々が暮らすための建築物であり、そこに様々な思想やイメージが投影される空間でもあります。よって家は、そのかたちや構造とともに、そこで数多くのことがらがいとなまれるという点で、まさに外部の者にとっては異文化です。本稿では、ほんの一端ではあれ、中国という社会を理解するためのキーワードとして家に着目しました。紙幅の関係から家で生起する全てのことを取り上げるわけにはゆきませんでしたが、主に家の基本的なかたちとそこに祀られている神々について、時代ごとの変化と持続を追ってきました。そこからは何が見えたでしょうか。

ところで私の両親が暮らす実家には、神や祖先と名の付くようなものは何も祀られていません。父方の祖母が暮らす家には仏壇があり、曾祖父母の位牌が祀られています。もし私の両親がその祖母と同居しているなら、私の実家には仏壇があったことにはなるのでしょうが、両親は結婚と同時に新居を構えて祖母とは離れて暮らしていたので、私は仏壇のある家での暮らしを経験したことはないのです。これは、戦後の高度経済成長期に都会へ出て暮らすようになった世代を親とする子どもたち、つまり私を含め、一九七〇年代の第二次ベビーブーム以降に生まれた人たちにとっては決して珍しいことではないでしょう。あるいは、農村部においても、分家したばかりの次男や三男の家にはやはり仏壇はなかったと思われます。つまり、自分の家に仏壇がないというのは、日本社会におけるイエ制度と相続のシステム、および都市への人口の集中と核家族化の進行が背景にあると言えます。ただしこれは、日本の経済と社会の構造およびその変化によるところが大きく、そこに直接的な政治の影響というものは認められません。もちろん、経済や社会の仕組みには政府の政策によって決まる面もないわけではありませんが、少なくともここ数十年間の日本において、時の政府が家のかたちや神の祀り方に直に介入することはなかったと言えるでしょう。端的に言えば、私の実家に仏壇がないのは、両親と祖母が同じ家に暮らしていないからであって、政府からそんなものを祀ってはいけないと言われたからではないのです。

一方、中国では、上に見てきたように、家のかたちとそこに祀られている神々のあり方は、時代ごとの中央政府の政策方針に大きく左右されてきました。共産主義の実現に向けて極端な集団主義を敷いた時代には経済が停滞して家を新築することはできませんでしたし、それを一転させた経済改革の大号令を契機に人々の生活水準は向上して新築ラッシュを迎え、さらに政府主導の宅地開発が進められています。また神や祖先は、迷信打破が強行された時代には家々から姿を消しましたが、後にその統制が緩和されると、やはり一転して再び大々的に祀られるようになりました。日本の場合とは対照的に、中国においては、家と神々のあり方には時の政治が大きな影響を与えています。逆に言えば、人々の住まいと神々は、政治的にもそれだけ重要なイッシューだということでもあるのです。ですから、家とそこに祀られた神々からは中国社会の特徴の一端が見える。そう、まさに家と神々は中国社会を理解する重要なキーワードなのです。

【注】

1 以下、ルビは現地で話されている広東語の発音とします。

2　社会主義的な公営住宅が建てられたのは主に都市部に限られていました。

【付記】

本稿の事例部分は、川口［印刷中］の一部を一般向けに書き直したものです。

【参考文献】

川口幸大「グローカリゼーションという視点から見た祭祀空間としての家屋の変遷―広東省珠江デルタの事例から」、韓敏編『グローカル化の中国社会―人類学的アプローチ』風響社、印刷中。
Knapp, Ronald G. and Kai-yin Lo（eds.）House Home Family: Living and Being Chinese, Honolulu: University of Hawai'i Press, 2005.
陸元鼎・魏彦鈞『広東民居』中国建築工業出版社、一九九〇年。

インドネシアで「宗教」について考える

木村敏明

2 インドネシアで「宗教」について考える

木村敏明

はじめに

今回のわたしたちの文化理解の旅は、東南アジアで最大の人口を抱える国、インドネシアに向かいましょう。インドネシアといわれてすぐにイメージがわかない人でも、バリ島であれば、自分や周囲の人が出かけたことがあって、親しみをもっていただけるかもしれません。バリ島は、インドネシアを植民地としていたオランダ人たちによって観光リゾートとして開発され、以後今日に至るまで「南国の楽園」といったイメージを売りに、毎年数多くの観光客が世界中から訪れるインドネシアを代表する観光地です。旅行ガイドブックなどの表紙では、バリ島と大きく書かれていてインドネシアの方がつけたしのようになっているものがありますが、れっきとしたインドネシアの一部です。

日本とインドネシアの関係は観光ばかりではありません。歴史的に見ても、かなり古い時代から交流があったことが知られています。鎖国前のバタヴィア（現在の首都ジャカルタ）には日本人町があり、多くの日本人がそこに滞在していました。時代はかなり下りますが、一九四二年から四五年にかけて日本の軍政下にあったことは御存じのことと思います。戦後、インドネシア共和国が独立して以降も、日本との経済的つながりは深く、数多くの日系企業が進出しています。また、スーパーなどでよくインドネシア産のエビを見かけますが、そのほかにも天然ガスやゴムの主な輸入元でもあります。

けれども今回は、どちらかといえば、みなさんにおなじみのないインドネシアの姿について、ある言葉をキーワードにして考えてみたいと思います。それはタイトルにもあります「宗教」という言葉です。インドネシアを旅行された方の中には、現地のガイドさんやホテルの従業員などと話をしたことがある方もいらっしゃるかもしれません。あるいは、日本に住んでいるインドネシア人でも構いません。そのようなとき、「宗教」が話題にのぼって当惑した方はいませんでしょうか。「あなたの宗教は何ですか」という質問は日本人にとって海外で受ける苦手な質問の一つだと思いますが、特にインドネシア人と話をしているときには、そのような質問を受ける確率がかなり高いような印象を私は受けています。もちろん、初対面の相手の宗教を非難したり、自分の宗教の教えを得々と説いたりすることはインドネシア社会でもマナー違反だと考えられていますが、相手が何を信じているかということは、聞くのが自然だし、逆に聞かないと会話を続けるうえで支障があるような話題なのです。今回はそのような、日本とは全く異なるインドネシアの宗教事情についてお話ししてみたいと思います。

一　多民族国家インドネシア

（一）インドネシアへ

まずは日本を離れ、インドネシアへ飛び立ってみましょう。日系の航空会社もインドネシアへ就航していますが、せっかくですのでインドネシアの航空会社を利用してみましょうか。安全性についてとやかく言う人もありますが、サービスも悪くありませんし、何より機内食がおいしいので私は好きです。日本便を運航しているのは、インドネシア国営のガルーダ・インドネシアという航空会社です。乗る前に機体を見てみましょう。鳥のようなマークが描かれていますね。これはガルーダ・インドネシア航空の社章【図１】で、社名にもなっている伝説上の鳥、ガルーダをイメージしたものです。

　ガルーダ（ガルダ）はもともとインドの神話に登場する霊鳥で、神話中では母を苦しめるナーガ（ナガ）と呼ばれる蛇と戦いをくりひろげます。また、ヴィシュヌ

Garuda Indonesia
The Airline of Indonesia

【図1】 ガルーダインドネシア航空ロゴ

【図 2】 インドネシアの国章

神の乗り物として描かれることもしばしばです。インド文化の伝播にともなって周辺地域にも伝わり、とりわけ東南アジアの諸国ではこのガルーダにまつわる神話や芸術作品などをあちらこちらで目にすることができます。インドネシアもその例にもれず、インドの神々は民話や民俗芸能などを通して庶民に親しまれています。ちなみに、仏典の中にもこのガルーダは迦楼羅天《かるらてん》としてとりいれられ日本にも伝えられています。そればかりではありません。私たちにおなじみの妖怪、天狗はこの迦楼羅天をイメージのもととしているという説もあります。

実はインドネシアの国章【図2】もガルーダです。役所など公式な場所には必ずこのガルーダが壁にかけてありますので、もしかすると空港の中をよく探してみたらどこかで目にすることができるかもしれません。このガルーダが足で何か文字が書かれた帯のようなものをつかんでいるのがご覧いただけるでしょうか。そこには「多様性の中の統一」というインドネシア国のスローガンが書かれています。インドネシアは様々な言語や文化をもった様々な民族が住む多民族国家ですので、国家の統一を維持するためには違いを認め合い、お互いを尊重していくことが欠かせません。そんなことから、国章にあえてこの文字が書き込まれているのです。

(二) 多民族、多言語の国

多民族国家としてのインドネシアの現状を見てみましょう。民族間の融和をはかるという政治的観点からインドネシアでは民族別の統計は長らくとられていませんでした。しかし、一〇年ほど前から、国勢調査の際に「母語」に関する質問がされるようになり、そこからある程度は諸民族の勢力図をうかがうことができます。もっとも多いのがジャワ語、スンダ語といったジャワ島にもともと暮らしていた人々の言語です。以下、スマトラ島に多いマレー語、ミナン語、バタック語やスラウェシ島に多いブギス語などがそれに続いています。注目すべきは四〇パーセント以上の人々が話す言語がその他に分類されていて、インドネシアには話者が人口の二パーセントにも満たないマイナーな言語が無数に存在していることがわかります。ちなみに、私たちになじみ深いバリ島で話されているバリ語もその他にいれられていて、バリ島がいかに大勢の人々が暮らすインドネシアの一部でしかないかもよくわかります。

もう一度インドネシアの国章に戻ると、お腹のところにも絵が描かれています。これらはインドネシアが独立するときに国のあり方の基本として定められた五つの原則を象徴しています。詳しくとりあげるゆとりはありませんが、木は「統一」、水牛は「民主主義」、稲は「社会正義」、鎖は「人道主義」を示すとされます。これで四つですね。最後の一つは真ん中にある星で「最高神への信仰」を意味します。見ようによっては一段高いところにあるようにも見えますが、中心に置かれているのは五原則の中でこの項目の持つ特別で最重要な意義を表しています。

ここで今回の話題である宗教の話に戻ってきました。インドネシアで、建国の理念の最重要な項目に宗教が置かれているのはどうしてでしょうか。そしてそのことは人々の暮らしにどのような影響をおよぼしているのでしょうか。そこで次に、インドネシアにおける宗教の現状について見ていくことにします。

二　暮らしの中の宗教

(一)　宗教の重要さ

かつて、インドネシアでインドネシア人大学生が書いた卒業論文の日本語をチェックしてほしいといわれたことがありました。そのとき、論文の最初の部分につけられていた謝辞を見てちょっとびっくりしてしまいました。そもそも、日本人学生が書いた卒業論文で謝辞を目にすること自体ほとんどないということもありますが、それだけではありません。謝辞ですのでもちろん論文を完成するにあたってお世話になった方々へのお礼が書かれているわけですが、私が驚いたのは、ほとんどの学生が真っ先に教師でも親でもなく「神」に感謝の言葉が捧げられているという点でした。学生に尋ねてみたところ、そのような指導を先生から特に受けたわけではないけれども、常識としてそのように書くのだそうです。もちろんこのような謝辞が自然に心からあふれだしてきたというのは言い過ぎで、学生たちはみな先輩が書いたものなどを参考に論文を作成していますから、それらからの影響があるとみるのが正しいでしょう。しかしそれでもこのような習慣が根付き、伝えられていっているのは、インドネシアの人々にとって神に感謝の言葉を述べることが、ごくあたりまえな行為として暮らしの中に根付いているからだと言えます。

インドネシアは、世界で最も多くのムスリム（イスラーム信者）が暮らす国です。なにしろ二億三千万を超える人口のおよそ八五パーセントがムスリムなのですから、単純に計算して二億近いムスリムがそこに住んでいるということになります。ですので、やはりインドネシアにおいてイスラームは特別な地位を与えられている宗教です。首都ジャカルタの中心部にはインドネシアの独立を記念して建てられたモナスという塔がありますが、そのすぐわきには、モナスに負けないほどの威容をもって、一二万人収容できるたいへん大きなモスク（イスラーム寺院）が建っています。

東南アジア最大のモスク、インドネシア国立モスクです。つまり、イスラームという特定宗教の宗教施設を、国が建設していることになります。すぐそばには、これもかなり立派なカトリックの教会もあるのですが、こちらは国立ではありません。

インドネシアとイスラームとの関わりは、一三世紀ころにはじまったといわれます。しかし、すでにインドのヒンドゥ文化の強い影響下にあったインドネシアが、アラビア生まれのその新しい宗教を受け入れるまでにはしばらく時間がかかったようです。ジャワ島でのイスラーム定着は、一六世紀に「九聖人」と呼ばれる聖者たちが現れ、各地に寄宿舎学校を建設して教えを広めていったことが大きいといわれています。その後、ジャワの王たちが次々にイスラームに改宗していったことにより、イスラームが信じられる地域は急速に拡大を遂げ、逆にヒンドゥはジャワの一部やバリなどにわずかに信者を残すだけとなってしまいました。今日、インドネシアにおけるヒンドゥの信者は二パーセントにすぎません。私たちになじみのあるバリはこの意味でも、インドネシアにおいては少数派であるということができましょう。

クリスチャンの人口はおよそ一〇パーセント、そのうちおよそ六パーセントがプロテスタントで残りがカトリックだといわれます。キリスト教は、一六世紀ころからヨーロッパ人によってこの地にもちこまれ、主に山岳部などまだイスラームの影響の及んでいなかった地域の人々によって受け入れられました。スマトラ島やスラウェシ島の内陸山岳地帯などには多くのクリスチャンが住んでいます。全人口の一パーセントにすぎませんが、仏教徒を名乗っている人々もいます。彼らの多くは華人系のインドネシア人で、ジャカルタやスラバヤ、メダンなど大きな都市に行くと市の中心にチャイナタウンがあって、そこには仏教寺院を見ることができます。

（二） 宗教とともにある暮らし

インドネシアに行ったことがある人であれば、間違いなくイスラームのアザーンの声を聞いたことがあるでしょう。アザーンとは一日五回義務づけられている神への祈りへの呼びかけの声で、時間が来るとモスクに備えられたスピーカーから大音響で放送されるのです。インドネシアの一日はまだ暗い早朝の町に響く、朝の礼拝を呼びかけるアザーンから始まるといっても過言ではないと思います。

朝食をとるために町中にある食堂に出かけてみましょう。インドネシアの食べ物は大変バラエティにとんでいて、どんなものを食べればよいのか迷ってしまうかもしれません。そんなとき、特に辛い物が苦手だという人にもお勧めできるのは中華料理でしょうか。インドネシアの少し大きい街であればどこでも中華料理屋は見つけることができると思います。店に入る前に入口のあたりをぐるりと見回してみることをお勧めします。多くの場合、小さな祠のようなものが祀られ様々な供え物がおかれているのを見ることができるでしょう。店の壁などにも神様の名前が書かれたお札が張られているかもしれません。インドネシアに暮らす華人たちの神です。

少し不躾かもしれませんが、食堂の中にすわっている人々を観察してみると面白いと思います。ひょっとして周りに食事の前にお祈りをしている人々がいませんか。はっきりそうとは分からなくとも、食べ物に手を付ける直前に、しばらくナイフとフォークを両手に持ったまま動きをとめて目をつぶっているかもしれません。その人たちはまず間違いなくクリスチャンです。公共の場なので、他の宗教の人々に遠慮して目をつぶり心の中で祈っているのです。もちろん食前に祈りをささげる習慣は、世界中のクリスチャンに広く見られるものですが、インドネシアではとりわけ公の場で祈りをささげることが、自分や他人に向けて改めてクリスチャンであることを確認する重要な役割を果たしているように見受けられます。

朝食をとりながら外の通りを眺めていると、小学生が学校へ行く姿を目にすることができると思います。インドネシアの小学校には全国統一の制服があり赤のスカートかズボンに白のシャツを身に着けることになっています。ムスリムの女の子たちが、髪の毛を隠す「ジルバッ」を着用して通学している姿も見られるでしょう。学校のカリキュラムにも、「宗教」が入れられていて、小学校から大学まで必修の単位となっています。どこでも授業は宗教別のクラスで行われていて、子供たちは自分の宗教のクラスを選び、そこで勉強するのです。ですから、宗教の授業はあっても、勉強できるのは自分の宗教のことだけにということになり、それは少しもったいない気がします。

夕方になり、水浴びを終えた後、テレビのスイッチを入れてみましょう。言葉がよく分からなくとも、ドラマやバラエティ番組、コマーシャルなどを見ているだけで、その土地の人々の暮らしに触れることができて楽しいものです。また、六時ころになると日本と同じようにニュースを放送していて、インドネシア各地でその日におこった出来事や珍しい行事などのレポートを見ることもできます。ところが、そのちょうど六時ころ、テレビの放送が突然中断される時間があります。ムスリムの日没の祈りの時間帯です。その時間帯は通常の放送が中断され、一斉にお祈りを呼びかける映像に切り替わるのです。

インドネシアでは、夜も祈りの時間です。私が調査をおこなっている北スマトラ地方ではクリスチャンが多数を占めています。私がそのようなクリスチャンの中で調査をしていて驚いたのは、彼らの間に張り巡らされた「祈りの会」のネットワークでした。血のつながり、ご近所、職場、学校、教会の青年会、婦人会などさまざまな縁に基づいた祈りの会があって、多くのクリスチャンはこういう会にいくつも所属しています。夕方から夜にかけてはそのような祈りの会の集会があちらこちらで行われる時間です。特にクリスチャンがたくさん住んでいる住宅地をこの時間に歩いていると、あちらこちらの家に人々が集まって祈り、賛美歌を歌い、一緒に食事と団欒をしている姿を見ることができるでしょう。

三　日本人にとっての「宗教」

（一）「宗教」嫌いの日本人

このようにインドネシアの人々にとって、宗教は生活の中に深く浸透し、身近でなくてはならないものになっています。では、ひるがえって私たち日本人はどうでしょう。ここで少し具体的な数字を用いながら見ておきましょう。

少し考えてみただけでも、私たちにとって宗教はインドネシア人ほど身近ではないと感じられるでしょう。宗教という言葉に嫌悪感を覚える人さえ少なくないのではないでしょうか。そのことをまさに裏付ける統計があります。読売新聞が二〇〇八年におこなった調査をみると、宗教を信じていると応える日本人は全体の四分の一程度の二六・一％にとどまり、全体の七割強は信じていないと答えています。しかも宗教を信じていると答える人の数は全体として減少傾向にあります。例えば同じ読売新聞が一九七九年におこなった調査では三四・一％の人が信じていると答えています。その後の推移をみていくと、信じていると答えた人の割合は九五年を境にして大きく減少しており、研究者の間ではオウム真理教事件の影響が大きいのではないかと考えられています。

もちろん、これだけをもって日本人がなにかこの世を超えた世界を全く認めず、現世的な価値観に縛られた打算家であると考えるのは少し違うように思います。同じ読売新聞社の調査でも、少し違った角度から次のような質問もなされています。それは「あなたは次のようなことを行っていますか」というものです。

その結果を見てみると、確かに特定の宗教に関わる修行をおこなったり、ミサに参加したりしている人は少なく、わずか数パーセントにとどまります。しかし、その一方で家の仏壇や神棚にしばしば手を合わせるという人の割合は半分を超えているのです。さらに、お墓参りということになると八割近くの人々が行っているというふうに回答をしています。仏壇や神棚、お墓などで日本人はいったい何に向かって手を合わせているのでしょうか。それは単なる木造の棚や箱、石の固まりではないでしょう。たとえば「ご先祖様」や亡くなった家族のような目に見えない何かが、素朴でぼんやりとした形であっても思い描かれているのではないでしょうか。

(二) なぜ「宗教」に抵抗感があるのか

しかしそれでも多くの日本人は、仏壇への祈りや墓参りが「宗教」であるとは考えません。みなさんの多くも、そのように言われると抵抗を感じるのではないでしょうか。それはどうしてでしょう。もちろん、先に述べたような宗教をめぐる事件が人々の宗教に対する信頼感を低下させたことは事実です。しかし、現在、多くの宗教研究者は、より根源的な理由として、「宗教」という言葉の由来の問題があると考えています。

現代における「宗教」という言葉の使われ方を、代表的な国語辞典『広辞苑』で見てみましょう。そこには次のように書かれています。

宗教【宗教】(religion) 神または何らかの超越的絶対者、あるいは卑俗なものから分離され禁忌された神聖なものに関する信仰・行事。またそれらの連関的体系。帰依者は精神的共同社会(教団)を営む。(後略)

この定義のポイントは、第一に宗教が何らかの世俗から分離された神聖なものについての「信仰」と「行事」であるということです。言ってみれば、神聖なものに対して内面的な心の次元で(「信仰」)、そして外面的な行動を通して(「行事」)関わることだということになるでしょう。

ここまでなら、仏壇へのお祈りやお墓参りでも、十分に宗教だということができると思います。しかし、私たちを悩ませるのは、先ほどの定義の中で書かれている最後の部分、「帰依者は精神的共同体(教団)を営む」という部分です。「宗教」という言葉にはこの「教団」というニュアンスが色濃くしみこんでいます。仏壇へのお祈りやお墓参りが「宗教」だといわれて感じる抵抗感は、この部分に関わるものではないでしょうか。つまり、「確かにお墓参りはしているけど、だからといって何処かの教団のメンバーだというわけではない」という感覚が、多くの方の中にはあるのではないでしょうか。

何故このようなことが起こったか、という理由は割合はっきりしています。今日用いられるような意味での「宗教」という言葉は、明治時代に西欧のreligionにあたる言葉を翻訳するためにつくられた翻訳語だからです。西欧由来の言葉ですから、そこに西欧独特の宗教事情が反映されているのは当たり前のことですし、それが日本社会にうまく適合しなくても不思議はありません。

では、西欧独自の事情とは何でしょう。言うまでもなくそれはキリスト教のあり方に関係しています。キリスト教においては、信者たちは基本的にどこか一つの教会、教派に所属することが求められます。信じるべき教えの内容（信仰箇条などと言います）が教会ごとに定められ、儀式のやり方も教派ごとに決められています。つまり、「教団」「信仰」「行事」が結びつき、どの教派に属すればその教えはこうで、行事はこうといったことが割合かっちりと定められているのです。そのような西欧で生まれた「宗教」という言葉に、「信仰」「行事」「教団」がいわば三点セットのように含まれていても不思議ではありません。

しかし、日本人の信仰生活は、そのような教団による統制を外れる部分を多く含んでいます。もちろん仏壇は「仏」という言葉が、神棚には「神」という言葉が着いているくらいですから、それぞれ仏教や神道と無関係ではありません。しかし、家庭内で行われるそれらへの祭祀には、家や地域社会で伝承されてきた独自の解釈や所作が加えられています。このようなものを「宗教」といわれると違和感を抱かざるをえないのです。

一つ、興味深い数字をご紹介しましょう。それは世界各地の学者たちが協力し、人々の価値観についで同様のアンケート調査を各地で行っている「世界価値観調査」というものです（高橋二〇〇三）。この中に、「あなたの人生にとって宗教は重要ですか」という質問があります。ある年の調査結果によれば、日本は七四ヶ国中下から二番目になっています。これは私たちの実感とも合っているでしょう。一方でインドネシアは、日本のちょうど逆の、上から二番目です。九九パーセントですので、言ってみればほとんどの人が宗教は人生において重要であると答えていることになるのです。インドネシアの人たちにとって生きるということと宗教とは全く切り離しがたい事柄だということを、ここにもうかがうことができます。ちなみに、第一位はエジプト、最下位の七四位は中国です。ただし、この数字からすぐにインドネシアの人たちは信仰心が強いのだ、などと単純に考えてしまうのは危険です。社会の中における宗教の位置づけが日本とインドネシアでは全く異なっているからです。

四　社会における宗教

(一)　六つの公認宗教

このことを、もう少し違った角度から見てみましょう。現在のインドネシア憲法二八条Eでは、「各人は、宗教を信じ、その礼拝をおこなう自由を有する」とはっきりと述べられています。日本でも、日本国憲法二〇条で「信教の自由は、何人に対してもこれを保障する。いかなる宗教団体も、国から特権を受け、又は政治上の権力を行使してはならない」とあるのはご承知の通りです。しかし、一見すると似ているこの両憲法の条文ですが、まったく異なった解釈がなされて社会的に受け止められています。

もちろん、インドネシアの憲法が意図しているのも、国民の宗教を信じる自由の保障ではありません。インドネシアは、世界最大のムスリム人口を抱える国で、しかも人口の大半がイスラームの信者ですが、オランダから独立する際に諸宗教の融和を重んじ、あえてイスラームを国教としなかった歴史を持ちます。もちろん、他の宗教を排除するような政策がとられたこともありません。このことによって上で見てきたように、キリスト教や仏教、ヒンドゥ教の信者たちも自らの信仰をたいせつに守りながら生きていくことが認められているのです。

ただし、「宗教を信じる自由」という言葉の意味は次のような二つの点で私たちが考えるものとは相当違っているので注意が必要です。

第一に、「宗教」という言葉の内容が、インドネシアでは国によって制限されているという点です。インドネシアには宗教省という役所があって、そこで宗教として管轄しているのは、長い間、イスラーム、プロテスタント、カトリック、仏教そしてヒンドゥの五つのみでしたが、つい最近になって華人系住民への配慮から儒教が加わり六つになりました。インドネシア語で日本語の「宗教」にあたる言葉は「アガマ agama」ですが、人々がこの言葉を使う場合それは上の六つの公認宗教のことを指して用いられるのです。

実はインドネシアにはこれらの六つの公認宗教のどれにも属さない教えを信じている人たちがいます。特にジャワ島には「ジャワ神秘主義」などといった言い方がされる集団が数多くあって、それぞれの集団では信者たちによって独特の世界観に基づいた儀礼や修業が行われています。中には超能力を備えていると主張するカリスマ的なリーダーに率いられた日本の新宗教にも似たような集団もあります。また、六つの公認宗教への入信を拒んで、それぞれの民族の伝統的な世界観や儀礼を守ろうとする人たちもいます。ところが、このような人々の集団に対しては、インドネシアでは決して「アガマ＝宗教」という言葉は用いられません。正確に言えば、そのような人々は時に自分たちは「アガマ」だと主張することがありますが、国の側はそれを認めていません。後で述べるように、アガマであることはインドネシアでは重要な社会的意義を持つからです。

このような宗教と認められていない団体の人々は、当初、その存在を認められず、時には弾圧さえ受けていました。しかし長年にわたる権利闘争が実を結び、七〇年代にはついにその一部が正式に「信仰」という法的な地位を手に入れることに成功しました。とはいえ、これは言ってみれば文化団体としての扱いで、管轄も宗教省ではなく教育文化相になり、宗教と同等の法的な地位を持っているとはいえません。

(二)　国民の義務としての宗教

さて、ここでインドネシアでの「宗教を信じる自由」という言葉の第二の注意点について述べたいと思いますが、それは誤解を恐れずに言えば、インドネシアでは「信じる自由」は認められていますが、「信じない自由」は認められていないということです。別の言い方をすれば、原則としてインドネシア国民は六つの公認宗教のどれかを信じなさいということになっています。どれかを信じていないと処罰されるというわけではないのですが、生活上様々な点で不便をきたすことになってしまい、少なくとも望ましい状態ではありません。

インドネシアのＩＤカードでは、右側に写真とその下に性別が書かれており、左側に様々なデータが記載されています。そこを見ると名前、誕生日、既婚未婚の別、血液型、職業、住所などと並んで「アガマ」すなわち宗教について記入する欄があります。ここには言うまでもなく、六つの公認宗教以外を記載することはできません。もちろん、空欄にしておくことも可能なのですが、そうすることは自分がどの宗教も信じないことを自ら世間に向けて告白しているようなものです。これはインドネシアでは単に体裁が悪いといったことで済まされない大きな問題です。

一九六五年、インドネシア初代大統領スカルノが政権の座を追われスハルトの長期政権が誕生するきっかけとなった九・三〇事件が起きました。この事件については、近年になってようやくスハルトによる陰謀という視点からとらえ直す動きが現れてきましたが、長らくインドネシアでは共産主義者によるクーデター未遂事件という政府の公式見解が社会に強要されてきました。共産主義者は民族を分断し国家を転覆しようとしたとして捕えられ、その多くが隠密裏に処刑されたといわれています。その際に共産主義者を非難する決まり文句として政府は彼らが無神論者だということをたいへん強調しました。そのため人々の間で、共産主義者として疑われないよう、政府の公認宗教の信者になる動きが広がっていきました。

一九七四年には、インドネシア政府がそれまでのオランダによって導入された法規に代わるものとして、新たな結婚法を制定しました。内務省に市民登録所を設置し、ムスリム以外の結婚についてはそこに登録することを骨子とした法律です。しかし、問題はその前提にあたる部分で、登録所に結婚を登録するためにはその結婚が「正式な」ものであるとされるのです。では、どんな結婚が「正式な」結婚とみなされるかというと、同法第二条によれば「結婚は、それぞれの宗教とその信仰に基づいて行われた場合、これを正式なものとする」とあります。つまり、「宗教に基づいて」おこなわれた結婚だけが正式なものとして、登録所で登録されるということです。この場合の「宗教」は言うまでもなく、公認宗教です。

実際、結婚式をとりおこなった教会や寺などの宗教者からの証明書がない場合、登録所では書類を受け付けてもらえません。上で述べた「信仰」諸団体の信者たちの中には、結婚だけをどこかの宗教でやることとの抵抗感から、この結婚登録をおこなっていない者が数多くいます。また、つい最近公認されるまでは儒教がこのような問題の最前線でした。また、異なった宗教を信じる男女間で結婚することは、どちらかが改宗しない限り大変困難であるのが現状です。結婚が登録されないと、その結婚や家族関係が法的に保護されなくなり、さまざまな弊害がでてしまいます。子供の出生証明書に「結婚によらない子供」と書かれてしまうことの精神的負担をあげる人も多くいます。このように、公認宗教のどれかの信者でないことは、ただ周囲に対する体裁の問題のみならず、実際的な弊害をもってもいるのです。ですから、インドネシアで信じるということを考える場合、このような社会的背景を考慮に入れる必要があり、日本の状況と単純に比べることは難しく、まして信仰心の強さといった問題ではすまされない部分があるのです。

五　葛藤と寛容―アブドゥルラフマン・ワヒドの思想

（一）　対立する宗教

では、それらの公認された宗教の間では何も問題がなく、仲よく共存できているでしょうか。全体としてみれば、インドネシアでは様々な宗教がお互いを尊重しながら活動していると言えるでしょう。しかし残念ながら時には宗教間の対立が社会問題となることがあります。とりわけスハルト大統領が宗教の政治的利用を強めた九〇年代、そして特に、その長期政権が崩壊した一九九八年以降、あらゆる政治的・経済的問題が宗教問題に読み替えられ、グローバルな問題に接続されながら規模を拡大していく傾向が顕著にみられるようになりました。アンボン島では一九九九年ムスリム系とクリスチャンの住民の間の抗争が起こると、島外の諸勢力がそれに加わって過激化し、その後数年の間に結果として九千もの命が奪われることになってしまいました。同様の紛争はスラウェシ島のポソなどでも起き、国際社会の憂慮を招きました。アチェでは、かなり根の深い独立問題が古くからくすぶってきましたが、その焦点の一つとしてイスラーム法の州法化という問題があり、問題の解決を困難にする要因となっていました。また、二〇〇〇年のクリスマスイブに起きた教会同時爆破事件、二〇〇二年のバリ島での爆破事件、二〇〇三年のジャカルタでのホテル爆破事件、二〇〇四年オーストラリア大使館爆破事件なども、宗教的対立を煽ろうとする目的をもったものだといわれています。

(二) 寛容の思想

しかし、このような混乱と葛藤のまさにただ中の困難な時代に、寛容と対話を旗印にインドネシア大統領として奮闘した人物がいました。インドネシア共和国第四代大統領アブドゥルラフマン・ワヒドがその人です。彼の政策、とりわけ内政に対する国内での評価は厳しいものがありますし、彼が不当な宗教的差別を一掃できたわけでもありません。例えば、彼の大統領任期中にも、アチェ地方に対する軍事的弾圧が続けられていたということはまぎれもない事実です。しかしスハルト政権の言論弾圧下からその後の混乱の時代まで一貫して人権擁護と寛容の精神を唱え続けてきたムスリム・リーダーの姿がインドネシア社会に与えてきた影響は計り知れないものがあると思います。また、二〇〇九年に亡くなった後も、彼の思想を受け継ぐ若いリーダーたちが現れ政権の中核で重要な役割を担っている人物もいます。

アブドゥルラフマンは、一九四〇年に東ジャワの名家に生まれました。祖父のハシム・アシュアリはインドネシア最大のムスリム団体ナフダトゥール・ウラマ（NU）の創設者、最高長老でした。父も祖父を継いで同団体の最高指導者として活躍し、独立後には宗教大臣もつとめましたが交通事故で早世しています。このような名家に生まれたワヒドは二〇歳代の大半を中東や欧州で過ごすうち、人権問題を自らの活動の主な目的として意識し始めます。一九七一年に帰国すると、NUを拠点としながら伝統的なイスラーム寄宿舎学校であるプサントレンの改革運動と農村改革に取り組み、また、論壇においても、プサントレンが育んできた伝統的価値を擁護する「穏健派」の論客として活躍しました。

しかしアブドゥルラフマンの名が知れ渡るきっかけとなったのは、一九八二年から「7人委員会」のメンバーとしてナフダトゥール・ウラマの改革に辣腕をふるったことによってです。当時団体の幹部たちはイスラーム政党の結成をきっかけに政治活動に熱中していました。アブドゥルラフマンらはそのような幹部を批判し、政治活動からの撤退、社会開発と教育改革問題への集中という基本方針を認めさせます。この改革で指導的役割を評価され、アブドゥルラフマンは一九八四年ナフダトゥール・ウラマ議長に就任、その後一〇年以上にわたってその職を務めることとなりました。

一方、ダム建設をめぐる政府と住民の対立や雑誌『モニトール』に対する政府の言論弾圧事件で反権力知識人としての評価も定着していきました。彼は、反体制知識人やNGO活動家との連携を強めていって、一九九一年には「民主フォーラム」を結成します。このころからアブドゥルラフマンは宗教間の対話と宥和、華人系住民の権利回復にも力を入れはじめ、イスラーム指導者としては異例のイスラエル訪問もおこないました。

一九九四年、政府の介入をはねのけ第三期目の議長に選任されると、アブドゥルラフマンはスハルト政権との対決姿勢をますます強め、メガワティやアミン・ライスとともに「改革 reformasi」運動の中核を担うようになります。一九九七年のアジア金融危機に端を発する騒乱の中、アミンとメガワティは落日のスハルト政権への攻勢を強めていきますが、一方、アブドゥルラフマンは一九九八年一月、脳出血に倒れており、きわどくも死の淵から生還したものの、その政治生命は絶たれたと見る者も多かった。しかし同年五月二一日に万策尽きたスハルトが大統領の辞任を発表、大統領選挙の実施が決定されると、アブドゥルラフマンは国民覚醒党をたちあげふたたび政治の舞台に舞い戻ってきました。

一九九九年の大統領投票人選挙でアブドゥルラフマンの国民覚醒党は一二・四%の得票しか得られず、メガワティの闘争民主党（三四%）ゴルカル党（二二%）の後塵を拝する惨敗でした。しかし、アブドゥルラフマンは世俗派のメガワティに警戒心を抱くアミンの国民信託党やハムザ・ハスの開発統一党などイスラーム勢力を結集し「中道同盟」を結成、その支持をとりつけることに成功し、独自候補の擁立を断念したゴルカル党も彼の支持に回ったため、形勢は一気に逆転、一九九九年一〇月二〇日、アブドゥルラフマンはついにメガワティを抑えて第四代インドネシア共和国大統領に選出されたのです。

アブドゥルラフマンは大統領就任後もマイノリティや抑圧された人々の権利回復(例えば中国系、共産主義）につとめ、アチェやパプアなどの独立派との対話に文字通り体を張って取り組みました。

しかし閣内の人間関係はすぐにぎくしゃくし始め、資金をめぐる疑惑や軍部との対立もあり、二〇〇一年七月二三日厳戒体制下の国民最高議会でアブドゥルラフマンの辞任決議が採択され、大統領職ははく奪、後継にメガワティ副大統領が指名されました。二〇〇四年の大統領選挙で再出馬を目指したものの、立候補の要件となっている健康診断で問題を指摘され、断念せざるをえませんでした。その後もNGOなどを基盤として活発に活動をおこなっていましたが、二〇〇九年一二月故郷のジョンバン訪問中に体調を崩し、同月三〇日、腎不全と心臓病、糖尿病の合併症で死亡しました。遺体は父や祖父が葬られたジョンバンのイスラーム寄宿舎学校脇の墓所に葬られています。

ユーモアと批判精神に満ちた彼の言葉には今日なお多くの人々の記憶に残っているものが数多くあります。中でも、「神は守られる必要などない Tuhan tidak perlu dibela」という言葉は、一九九九年に出版された彼の主著のタイトルであり、また彼の思想に共鳴する知識人の間でスローガンのように用いられている言葉でもあります。同書中の同名の小文は、海外留学を終えて帰国したｘという人物が、政府にイスラーム法の導入をもとめて怒り、デモをおこなうムスリムたちを見て自分もそれに加わるべきか悩んだ、というエピソードを軸にして展開しています。ｘは様々なイスラーム指導者に自分の悩みをぶつけてみましたが、どの答えも彼を納得させるものではありませんでした。そして彼は最後にあるイスラーム神秘主義の導師のところへ出かけ同様の質問をしました。するとその導師は次のように答えたのです。

神は最も偉大なものだ。神はその偉大さについていかなる証明も必要としていない。神はその存在によって最も偉大なのであり、人間が神に何をしようと、神の存在と力に何の影響もない。

(Wahid 1999b：56)

そしてxはこの言葉を聞いて感銘を受け、自分がデモに参加しないことをうしろめたく思わなくなった、と論じた後で、アブドゥルラフマンは次のように述べます。

イスラームは発展させる必要がある。だが、それは他者の攻撃に立ち向かうためではない。神の真理は、人間の迷いによって少しも減るものではない。……神には守ってもらう必要がない。もちろん守られることを拒みもしない。守ることに意味があるかないかは、将来の発展の中に見ることができるだろう。(Wahid 1999b：56–57)

人間が神を守る必要があるのか。神に対する違反や冒涜をウの目タカの目になって探し回り、あげつらい、これ見よがしに批判する必要があるのだろうか。アブドゥルラフマンの答えはもちろんNOです。「神はその存在によって最も偉大なのであり、人間が何をしようと神の存在と力には何の影響もない」からだというのです。ヨーロッパの思想家ヴォルテールには「キリスト教が神聖であればあるほど、それを管理するのは人間であってはならない。神の御手によって生まれたのであれば、あなたが心配せずとも、神が御護りくださるであろう。」という言葉があります。アブドゥルラフマンがこの言葉を知っていたかどうかはよく分かりませんが、彼は一国の大統領という立場でこのような言葉をその生涯をかけて実践しようとした人物だといえるでしょう。

おわりに

今日は、観光地としてよく知られたインドネシアのもうひとつの顔を、「宗教」をキーワードにして見てきました。宗教が人々の暮らしの中に深く根を下ろし、日々の暮らしにリズムを与え、社会生活上重要な役割を担っていることがわかっていただけたかと思います。私はあるインドネシア人に言われた言葉を忘れることができません。彼は日本社会について研究しており、何度も来日した経験をもっています。その彼がある時、私に、「日本人はかわいそうですね」と言ったのです。アジア経済危機の余波でインドネシア国内は政治的経済的にまだ混乱している時代でしたので、その言葉に私は少し驚きました。バブル経済の時代ほどではありませんが、経済的にも政治的にも日本の方が安定しているのは明らかに思えたからです。けれども彼に言わせると、日本人は宗教を持たないせいで、人生の目的が何か分からなくなっている。幸せとは何か、はっきりとした言葉で説明ができない。そんな状態で人間が幸せになることなどできないというのです。

私もすぐに反論しました。インドネシアでは宗教の名のもとでの差別や排除や暴力が絶えないではないか。国家が認めた公認宗教を全国民が信仰するという現在の制度は、宗教が国民管理の手段としての地位に甘んじている証ではないか。しかし、しばらく議論をしていくうちに、私も彼も相手の言うことに一理あると思うようになりました。日本とインドネシアは「宗教」という言葉をめぐって全く異なった歴史を経てきたといえるでしょう。しかし、だからこそ、お互いを理解することが、自分たちの社会を理解する助けとなるでしょう。これからも、インドネシアと、「宗教」という言葉をつかったキャッチボールを続けていきたいと思います。

【参考文献】

ヴォルテール 二〇〇一『寛容論』中公文庫
高橋徹 二〇〇三『日本人の価値観・世界ランキング』中公新書ラクレ
Barton, Greg, 2002, *Gus Dur : The Authorized Biography of Abdurrahman Wahid*, Equinox : Jakarta.
Hefner, Robert W., 2000, Civil Islam : Muslims and Democratization in Indonesia, Princeton U.P. : Princeton & Oxford.

見市建 二〇〇一『インドネシアにおけるイスラーム左派―その知識人ネットワークとイデオロギー』、博士論文（神戸大学）.

Wahid, Abdurrahman, 1999a, *Gus Dur Menjawab Perubahan Zaman*（『時代の変化にグス・ドゥルが答える』）、Kompas : Jakarta.

Wahid, Abdurrahman, 1999b, Tuhan Tidak Perlu Dibela, *Tuhan Tidak Perlu Dibela*（『神は守ってもらう必要などない』）、LKiS : Yogyakarta.

【図版出典】

図1 http://www.garuda-indonesia.co.jp/

図2 http://www.indonesia.go.id/

知的柔軟性の国際比較

木村邦博

3　知的柔軟性の国際比較

木村邦博

一　はじめに

（一）現代社会に必要なスキルとしての知的柔軟性

日本社会には今、グローバリゼーションという大きな波が押し寄せています。その中で、とりわけ若年層で、「雇用の流動化」が進んでいます。つまり、特に若い人たちの間で、非正規雇用の割合が増えたり、転職率が高くなったりする傾向があるのです。このような背景のもと、日本の若者には、これまで以上に「スキル」や「知識」が求められようになる、そしてまたそのスキルや知識の更新も絶え間なく行われる必要がある、という見解が示されるようになってきました（ブリントン二〇〇八）。

そのような、現代日本の若者に必要とされるスキルや知識には、様々なものが考えられます。「知的柔軟性」（intellectual flexibility）もそのひとつです。これは、私たちが社会生活の中で直面する様々な「認知的な問題」を、多角的な観点から的確に処理できる能力のことです（Kohn and Schooler 1983；Kohn and Slomczynski.［1990］1993）。これはまた、伝統的な考え方や権威にとらわれず、柔軟な思考ができることであると言えます。

知的柔軟性に注目するのには、ふたつの理由があります。第一に、「学力」がどのようなプロセスで醸成されるのかを明らかにし、現代社会において学校教育や家庭教育の果たしている（あるいは果たしうる）機能をより明確にすることにつながると期待できます。特に、日本では近年、「暗記」よりも「問題解決能力」を重視する学力観が有力になってきています。知的柔軟性の概念はこのような学力観と親和性が高いと言えるでしょう。

第二に、現代日本社会において、格差の維持・拡大といった傾向が見られるか否かを検討する場合にも、知的柔軟性の果たす役割を無視できません。「仕事とパーソナリティ」に関する研究分野では、主にアメリカ合衆国におけるデータの分析にもとづいて、知的柔軟性や子どもに対するしつけなどが、その人が就いている職業の影響を受けていることが示されてきました。また社会階層研究の分野では、いわゆる先進国の社会（産業化された社会）においても、親の職業と子どもの職業が似たものになる傾向が強いということが、繰り返し指摘されています。現代日本社会において、このような傾向が、知的柔軟性の重要性が増すとともに、さらに維持されたり強められたりする可能性はないのでしょうか（注1）。

(二) 職業における自己指令性、社会階層と知的柔軟性

知的柔軟性がどのようなメカニズムで格差の維持・拡大につながりうるのか、従来の研究で取り上げられてきた仮説をもとに、もう少し具体的に考えてみましょう。

「仕事とパーソナリティ」に関する研究分野では、知的柔軟性に関して、次のような仮説や予想が検討されてきました。現在の仕事(現在就いている職業)における「自己指令性」(self-direction)あるいは「自律性」(autonomy)の高さが、その仕事(職業)に就いている人の知的柔軟性を高めると予想されます。これは、自己指令性・自律性の高い仕事(職業)ほど、個人の裁量に任されていることが多く、ものごとを分析して判断を下す力が求められる傾向があるからです。さらに、知的柔軟性が高いほど、自己指令性・自律性を重視するような価値意識や、異なる意見に対する寛容性などの態度が育まれると考えられます。このような価値意識や態度は、子どもに対するしつけ(社会化)の方針にも反映されるでしょう。その結果、親が自己指令性や自律性が高い仕事についていると、子どもも自己指令性・自律性を重視したり、異なる意見に対して寛容になったりする傾向がある、と予想できます。

社会階層研究の視点からは、さらに、次のようなメカニズムが働いて、子どもが親と似たような職業に就く傾向が強まると考えられます。親の職業によって、家族がどのような人とつきあうことになるのかも異なってきます。つまり、親の職業によって家族の社会的ネットワークも違ってきま

す。このネットワークによって、子どもに対して親と同様の職種に就くのに有利な情報が提供されたり、そのような職種に就こうとする子どもの意欲が高まったりします。

(三) ふたつの問いとデータ

知的柔軟性が社会的な格差(特に教育達成や職業達成の格差)の維持・拡大に果たしている役割を解明するには、【図1】に示したような因果連鎖を想定して、子どもの知的柔軟性が両親の学歴・職業にどのように影響されているのかを考察する必要があります。さらに、子どもの知的柔軟性が本人の教育達成や職業達成にどのように結びついているのかも分析しなければなりません。

そのような分析・考察を行うためには、本来ですと、親子を組にして、子どもが学校に通っている時期から卒業して就職するまで(あるいはさらに就職した後も)長期にわたってデータを収集し、子どもの人生における各段階で、子どもの知的柔軟性が発達していく様子と、それに対して親の学歴・職業が与えている影響とを、正確に把握しなければなりません。しかし、それでは格差が維持・拡大したか否かがわかるまでに、ひじょうに長い年数がかかってしまうことになります。また、長期間にわたる調査を遂行しようとすると、資金や労力の面での費用も、一般に莫大なものになってしまいますし、プライバシーの保護など研究倫理の面でも問題が生じやすくなる可能性があります。

そこで、【図1】に示したようなプロセスのうち、ごく一部分に焦点をあてた考察をせざるを得

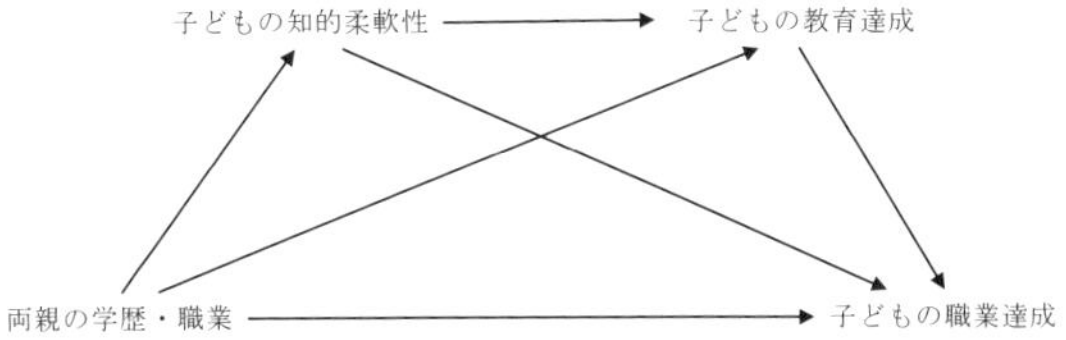

【図 1】 教育達成過程・職業達成過程における学歴、職業と知的柔軟性

ないことになります。ここでは、海外における従来の研究との比較も重視し、特に次の二つの問いを取り上げて、高校生とその保護者を対象にした一時点での調査データを分析して行きたいと思います。

（一）父親・母親では、職業が親本人の知的柔軟性の高さを決める要因となっているか。

（二）高校生の進路希望（特に大学進学希望）に対して、親の学歴・職業や高校生本人の知的柔軟性はどのような影響を与えているか。

用いるデータは、東北大学教育文化研究会が実施した、「学校生活と社会に対する高校生の意識」第二回調査によって得られたものです。この調査は、宮城県内の高校三校の二年次在学生とその保護者を対象に、二〇一〇年に実施されました。（二〇〇九年度入学生とその保護者を対象に、二〇〇九年度から二〇一二年度までに毎年実施した、四回の調査のうち、二回目の調査になります。この四回にわたる調査全体や第二回調査について、詳しいことは、その報告書である木村（二〇一四）をご参照下さい。）なお、ここでは便宜的に、保護者を「父親」と「母親」と呼ぶことにします。

以下では、まず知的柔軟性をどのように測定するかを説明します（第二節）。その後で、上記の二つの問いに答えるために行った分析の結果を、国際比較も含めて示します（第三節、第四節）。この分析結果がどのような意味を持つかについても、従来の研究を参照しながら考察します（第五節）。最後に、この分析結果を解釈する際に注意すべきことや、今後の課題について述べたいと思います（第六節）。

二　知的柔軟性を測る

（一）「ハンバーガーショップ立地問題」に関する質問をする

「学校生活と社会に対する高校生の意識」第二回調査では、知的柔軟性を測るために、「ハンバーガーショップ立地問題」に関する質問を用いました（注2）。具体的には、高校生に、次のように問いかけています。

問　あなたが将来、ハンバーガー・ショップ・チェーンの会社に勤めたとして、考えてみて下さい。上司から、新しい店をつくるにあたって、店の場所をふたつの候補地のうちどちらにするのがよいか、決めるように、という仕事が与えられました。

(a) あなただったら、どのようなことを比較して、ふたつの候補地のうちどちらに店を出すのがよいかを決めますか。比較しようと思うことを箇条書きの形で、いくつでもあげて下さい。

(b) では、そのようなことを比較しようと思ったのはなぜですか。その理由をできるだけ具体的に書いて下さい。

父親用・母親用の質問は、最初の文を、「あなたが現在、ハンバーガー・ショップ・チェーンの会社に勤めているとして、考えてみて下さい」と変えたものを用いています。

(二) 自由回答を分類する

以上のような質問に、文章を書く形で答えてもらいました。このような形式で得られた回答のことを、「自由回答」と言います。この自由回答の文章を、テキストマイニングという手法を用いて分類し、回答が質問に対して適切なものであればあるほど知的柔軟性も高いと考えて、回答者の知的柔軟性の程度を判定しました。(テキストマイニングは、コンピュータを用いて文章データを分析する手法です。金（二〇〇九）や松村・三浦（二〇〇九）などを参照。）

その際、経済学的な考え方にもとづいて、人々は需要・供給・競争関係という三要素を意識し、【図2】に挙げたような要因とメカニズムを考えている、と仮定することにしました。需要は主に集客力によって決まり（そして集客力はさらに、候補地の人口規模、人口構成、アクセスの良さなどの要因によって決まり）、需要が大きければ大きいほど売上額（粗利益）も大きくなると考えられます。供給側の要因としては、候補地の地代、候補地における労働力確保の可能性、材料などの輸送といったことが主に考えられ、これらはコストを押し上げる効果をもつと言えます。競争関係の強さは、候補地にすでに他社・自社の店舗があるか、あるいはすでに出店計画があることがわかっているか、に依存するでしょう。単純化すれば、このような競争関係の存在によって、売上額（粗利益）が抑制されると考えられます。こうしたメカニズムで決まる売上額（粗利益）からコストを差し引いたものが、純利益あるいは利潤となります（注3）。

ただし、単に立地条件のみが書いてあるだけ（たとえば「都会」と

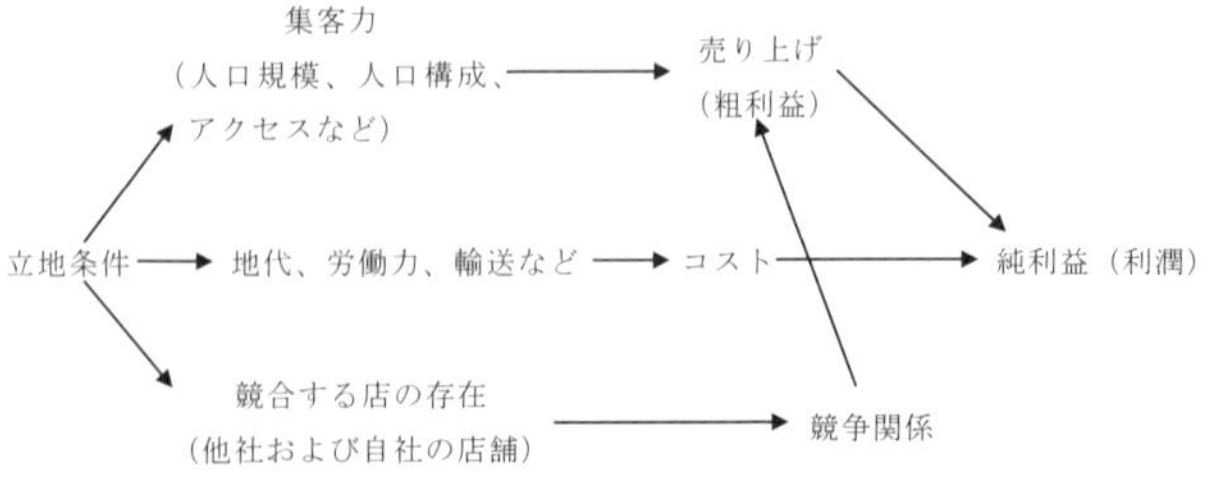

【図2】　知的柔軟性を測る質問に対する自由回答を分類する際に用いた概念図式

のみ記述）でそのような条件がなぜよいのかについての説明がない回答、質問の趣旨から外れた回答などは、「わからない（意味不明を含む）」というカテゴリーに分類しました。

しかし実際に分析を行ってみると、集客力のことをまず思い浮かべるというヒューリスティックスを用いている人、より具体的に言うと顧客層や集客力のことだけについて触れていると判断できる人の割合が大きいようでした。（ヒューリスティックスというのは、「正解」に近い答えを導くことが期待される簡便な方法や方略のことです。たとえば、カーネマン（二〇一四）を参照。）それ以外の条件・要因やメカニズムについて記述している人は少なく、また顧客層や集客力のことが売り上げという金銭的な観点から語られることも少なかったのです。そこで、最終的には、次の三つのカテゴリーに回答者を分類し、この番号が大きくなるほど知的柔軟性が相対的に高くなると考えることにしました。

（一）「わからない」という回答（意味不明・無関係な回答も含む）をした人

（二）「顧客層・集客力」という要因のみを挙げている人

（三）それ以外のタイプの回答をしている人

なお、「それ以外のタイプの回答」で多いのは、「顧客層・集客力」に加えて他の要因も挙げている回答や、「顧客層・集客力」以外の（コストや競争関係などにかかわる）要因だけを挙げている回答でした。

（三） 知的柔軟性の分布を見る

【図3】は、高校生男子・高校生女子・父親・母親のそれぞれにおける、知的柔軟性の三カテゴリーの分布を見たものです。なお、知的柔軟性を測るための質問に対する有効回答者数は、高校生六一一人、父親三一八人、母親三七九人でした。

父親で「それ以外のタイプ」の回答をしている人たちの割合は、高校生（男子・女子）や母親にくらべて若干大きい傾向があります。高校生女子で「顧客層・集客力」という要因のみを挙げている人たちの割合は、高校生男子や父親・母親にくらべて少し大きい傾向があります。しかし、この二点を除けば、高校生でも保護者でも、また男性でも女性でも、知的柔軟性の三カテゴリーの分布はよく似てい

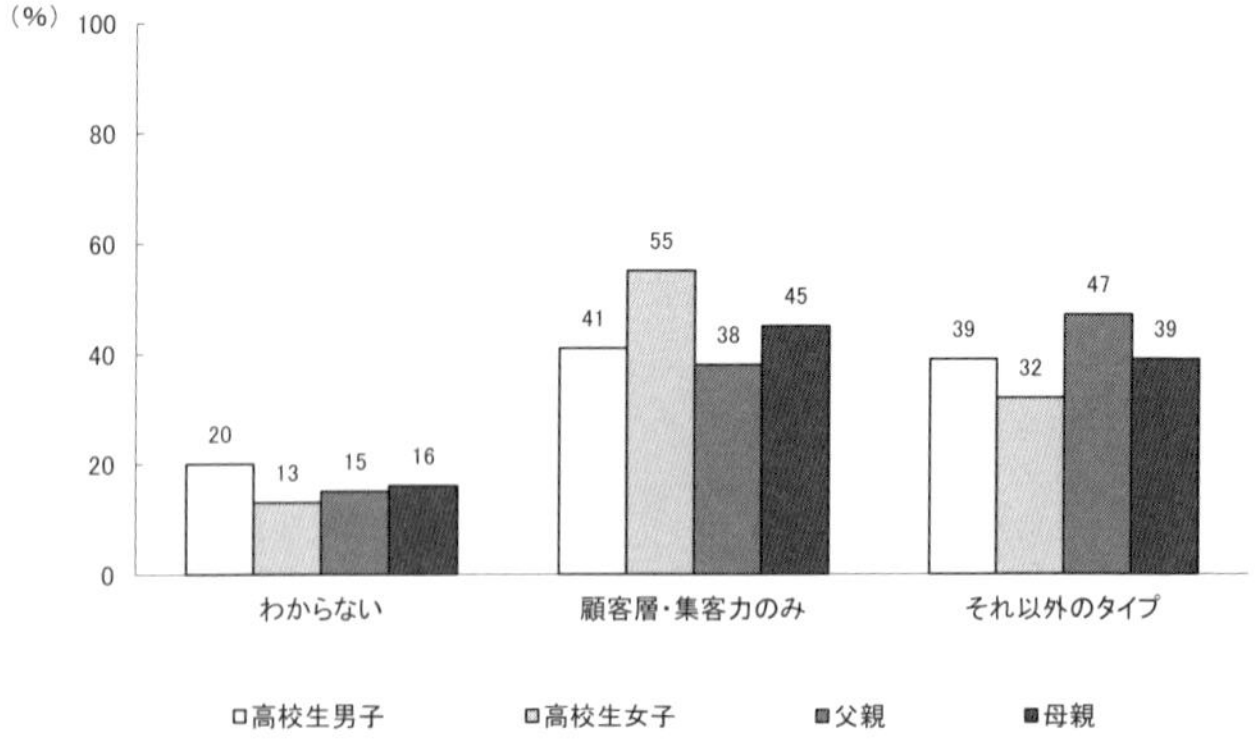

【図3】 知的柔軟性の分布（高校生と保護者）

ると言えます。

三 職業・学歴と知的柔軟性

つぎに、「仕事とパーソナリティ」研究から予想されるように、父親・母親では職業が本人の知的柔軟性の高さを決める要因となっているか、確認してみましょう。その際、国際比較の視点を入れて、アメリカ合衆国やポーランドでの研究結果とくらべてみることにしましょう。

(一) アメリカ合衆国とポーランドでの調査結果

一九六四年と一九七四年にアメリカ合衆国で実施された調査では、成人男性の職業と知的柔軟性との間に関連があることが指摘されています。特に、経営者・管理職・ノンマニュアル(事務職・販売職など)に分類される人たちは、現場監督・労務職の人たちにくらべて、知的柔軟性が高い傾向があることが明らかにされています。さらに、学歴など、社会階層研究の視点から重要であると同時に、職業と知的柔軟性の両方に影響を与えていると考えられる要因を考慮に入れてもなお、職業と知的柔軟性とに関連があると言えそうなこともわかりました。

一九七八年にポーランドで実施された調査からも、ほぼ同様の結果が得られています。管理職やノンマニュアルの人たちは、それ以外の職業に就いている人たちにくらべて、知的柔軟性が高い傾向があったのです。この傾向は、学歴などの要因を考慮に入れても確認することができました。なお、当時のポーランドはまだ社会主義経済だったので、経営者にあたる人はいませんでした。

以上の結果は、仕事における自己指令性・自律性が高いと、その仕事に就いている人の知的柔軟性も高くなるという、「仕事とパーソナリティ」研究の仮説と整合的なものでした。一般に、経営・管理・事務といった仕事は、現場監督や労務の仕事にくらべて、自由裁量の幅が大きく、自分で判断するということが求められる傾向が強い、と考えられるからです。

(二) 日本での調査結果

では、日本でも同じような傾向があるのでしょうか。「学校生活と社会に対する高校生の意識」第二回調査の保護者(父親と母親)のデータを分析した結果を見て行きます。

父親で職業と知的柔軟性との関連を表したのが【図4】、母親で職業と知的柔軟性との関連を表したのが【図5】です。なお、回答者の数が少ないので、職業に関しては「経営者・管理職・事務職」か「販売職・労務職・農林水産業従事者」かで分類し、母親の場合はさらに「専業主婦」というカテゴリーも加えています。父親では、経営者・管理職・事務職だと販売職・労務職・農林水産業従事者にくらべて、「それ以外のタイプ」という、相対的に知的柔軟性が最も高いと考えられる

3. 知的柔軟性の国際比較

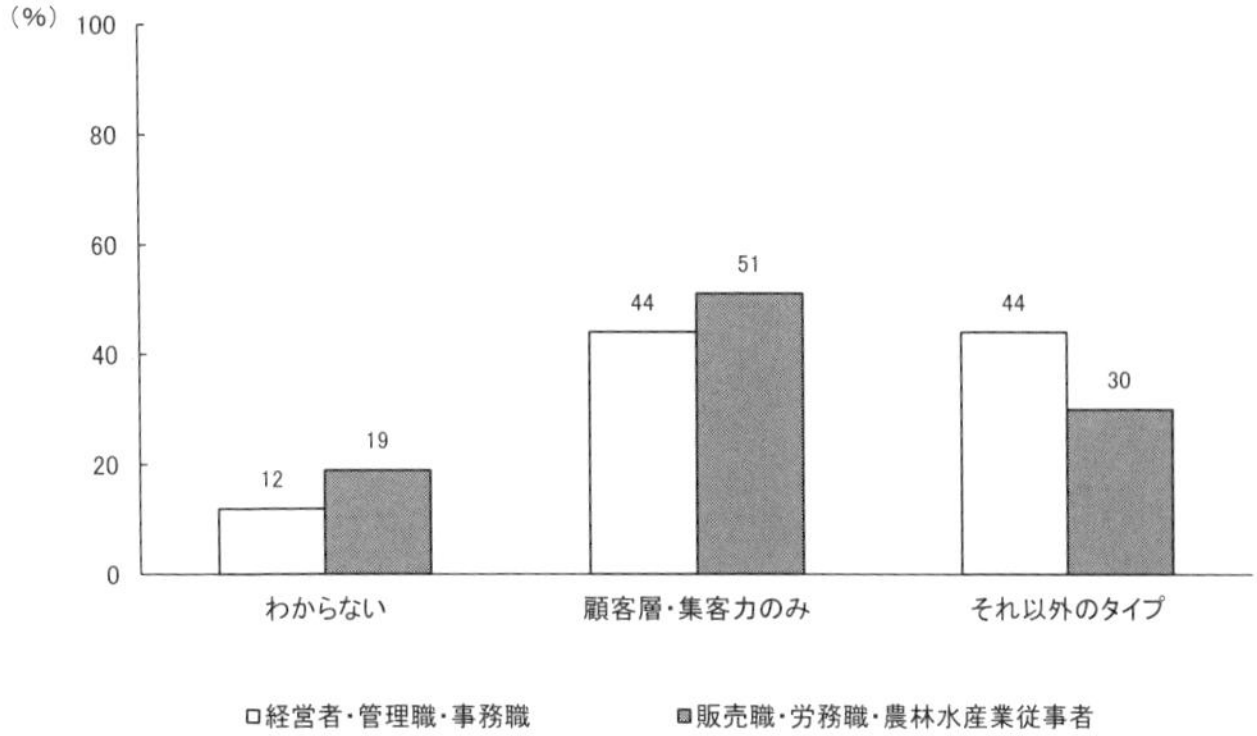

【図 4】 職業別に見た、父親の知的柔軟性

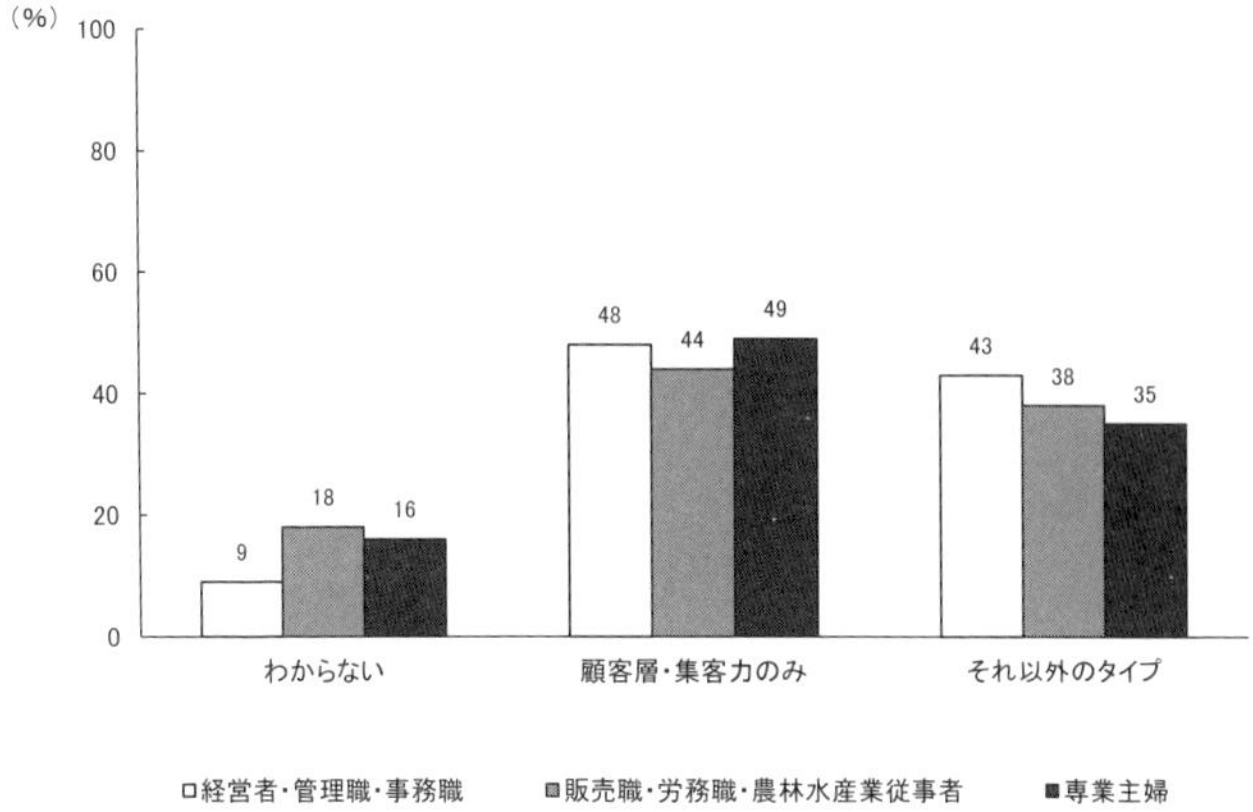

【図 5】 職業別に見た、母親の知的柔軟性

グループに属する割合が高くなっています。これに対して、母親では、職業と本人の知的柔軟性の間にほとんど関連が見られませんでした。経営者・管理職・事務職だと販売職・労務職・農林水産業従事者や専業主婦にくらべて、「わからない」という回答の百分率が少し小さい傾向があるくらいです（注4）。

このふたつの図だけですと、日本でも、父親（成人男性）に関しては、アメリカ合衆国やポーランドと同じように、「仕事とパーソナリティ」研究の仮説が支持されるように見えます。（アメリカ合衆国とポーランドでは、成人女性が調査対象に含まれていませんでしたので、比較ができません。）しかし、一般に、学歴によってどのような職業に就けるかが異なるので、以上の結果は学歴という要因が背後にあって生じる、「見かけ上の関係」かもしれません。そこで、「エラボレーション」という手法を適用して、知的柔軟性が職業に影響されていると言えるか否か、さらに検討してみましょう。（エラボレーションとは、ふたつの変数の間に直接的な因果関係があるかを、第三の変数を導入して明らかにしていく方法です。たとえば、原・海野［一九八四］二〇〇四）を参照。）

【図6】は、父親を学歴で「大学卒・短大卒・高専卒」のグループと「高校卒・中学卒」という二つのグループに分け、それぞれのグループで職業と知的柔軟性との関連を見たものです（注5）。ただし、わかりやすさを重視して、知的柔軟性を測るための質問で「それ以外のタイプ」にあたる回答をした人の百分率だけを表示しています。

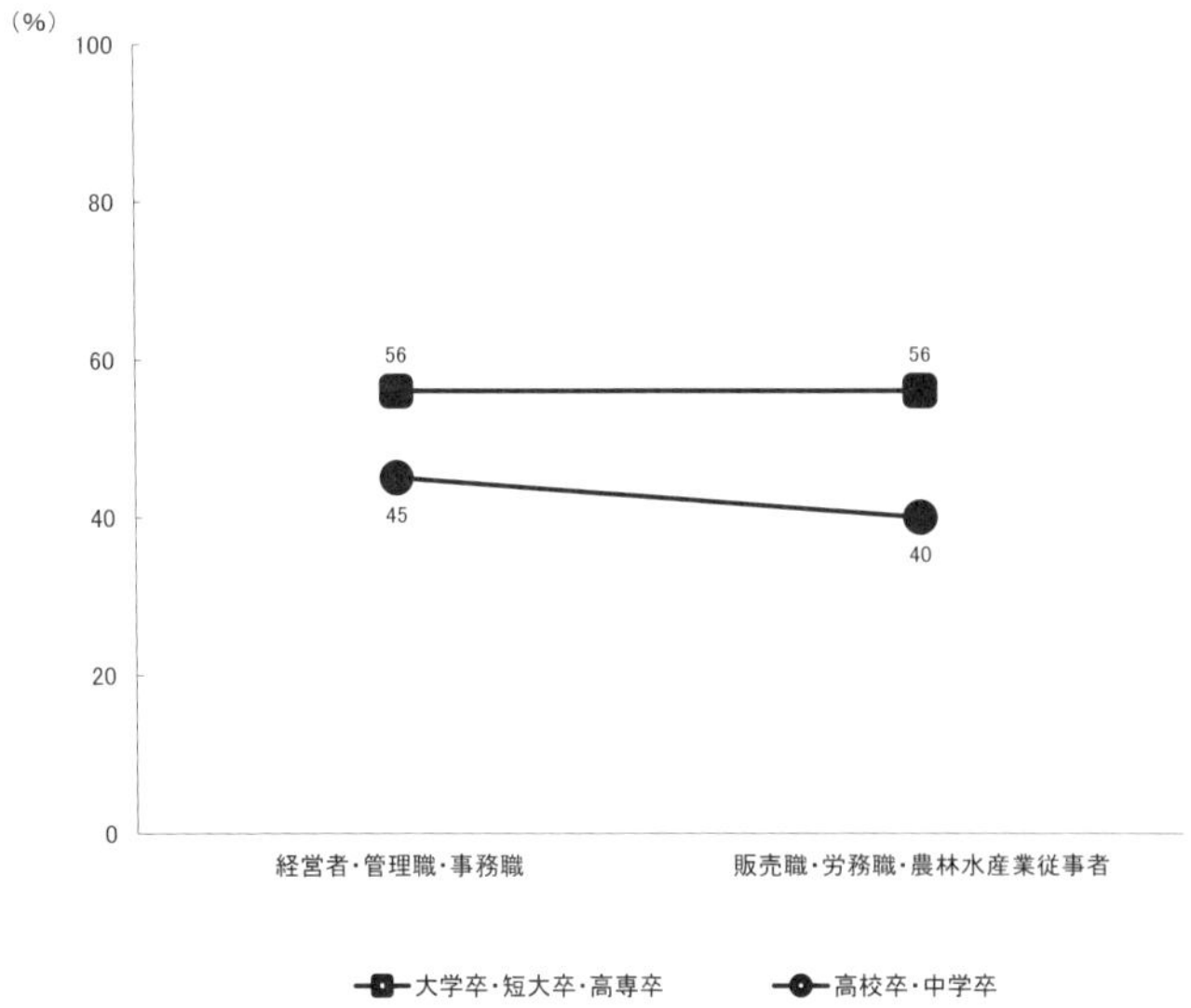

【図 6】 学歴別・職業別に見た、父親の知的柔軟性（「それ以外のタイプ」に該当する回答の百分率）

「大学卒・短大卒・高専卒」に対応する線も、「高校卒・中学卒」に対応する線も、横軸にほぼ平行になっています。これは、いずれの学歴グループにおいても、経営者・管理職・事務職と販売職・労務職・農林水産業従事者とで、「それ以外のタイプ」という、相対的に知的柔軟性が最も高いと考えられる回答をした人の百分率が、あまり変わらないことを示しています。これに対して、「大学卒・短大卒・高専卒」に対応する線は、「高校卒・中学卒」に対応する線よりも高い位置にあります。これは、いずれの職業グループでも、大学卒・短大卒・高専卒で「それ以外のタイプ」の回答をした人の百分率が、高校卒・中学卒で「それ以外のタイプ」の回答をした人の百分率よりも大きいことを示しています。(その百分率の差は、パーセンテージポイントで一〇以上です。)

以上のことから、知的柔軟性の高さに影響を与えているのは職業ではなくむしろ学歴である、と推察することができます。日本でも、一見するとアメリカ合衆国やポーランドと同様に、成人男性(父親)では知的柔軟性の高さが職業によって異なるという傾向があるように見えたものの、それは見かけ上の関係であると考えた方がよさそうです。これは、「仕事とパーソナリティ」研究の仮説にあてはまらない結果と言えましょう。

四 高校生の知的柔軟性と大学進学希望

では、高校生の進路希望、特に大学進学希望に対して、親の学歴・職業や高校生本人の知的柔軟性は、どのような影響を与えているのでしょうか。これは、グローバリゼーションが進む中で、教育達成(さらには職業達成)の機会格差が維持されたり拡大したりする傾向が今後ありそうか、予測する上でも重要です。

（二） 高校生の知的柔軟性と進路志望状況

まず、高校生の進路志望状況を、男女別、知的柔軟性のカテゴリー別に見てみましょう。【図7】が高校生男子の回答をグラフにしたもので、【図8】が高校生女子の回答をグラフにしたものです。

高校生男子では、「それ以外のタイプ」の回答をした人は、「顧客層・集客力」という要因のみ回答、「わからない」という回答、というふたつのグループに属する人よりも、大学進学希望の割合が大きいのが特徴です。また、「わからない」と回答した人は、他のふたつのグループにくらべて、進路が「未定・その他」の割合が若干大きい傾向があります。弱いながら、知的柔軟性の相対的なレベルと進路志望とに、関連が見られると言えるでしょう。

これに対して、高校生女子では、知的柔軟性と進路志望との間に、もう少しはっきりとした関連が見られます。知的柔軟性が相対的に高くなればなるほど、大学進学希望の割合も大きくなります。他方で、専門学校進学希望の割合と就職希望の割合は、知的柔軟性が相対的に高くなればなるほど、小さくなります。

なお、【図7】と【図8】を比較してみると、知的柔軟性の相対的水準にかかわらず、次のような男女差があることもわかります。高校生男子は高校生女子よりも、大学進学希望の割合と「未定・その他」の割合が大きい傾向があります。また、高校生男子は高校生女子よりも、専門学校

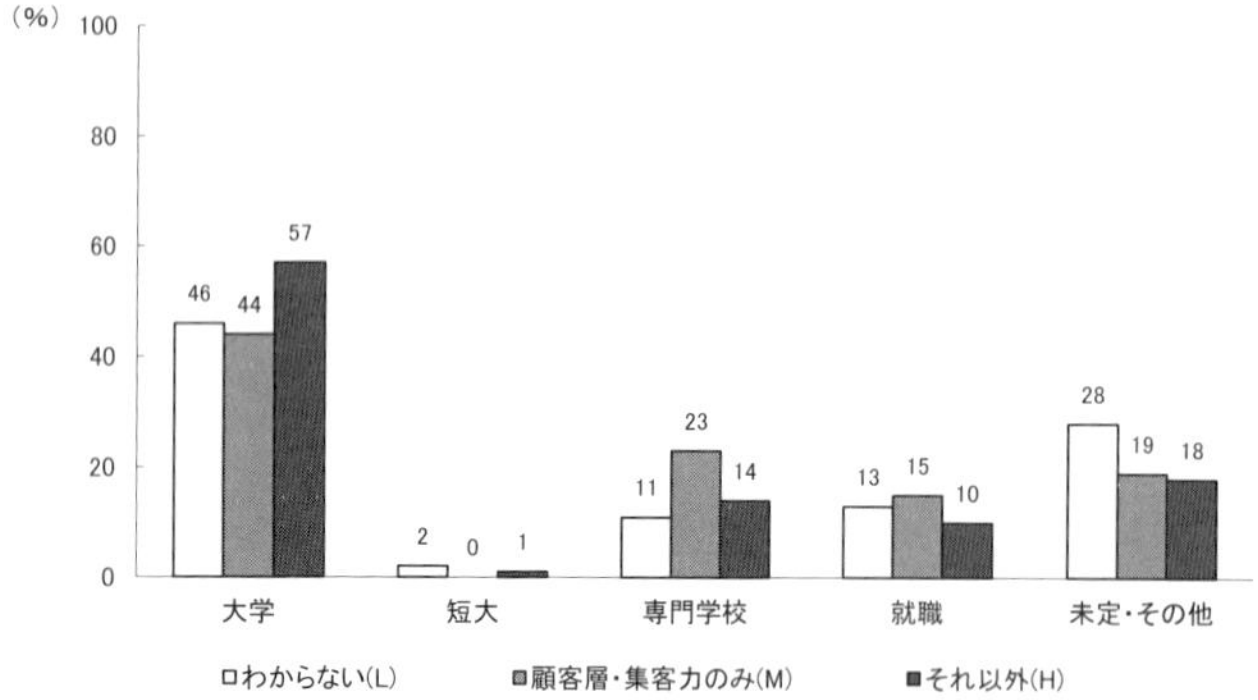

【図 7】 知的柔軟性カテゴリー別に見た進路希望（高校生男子）

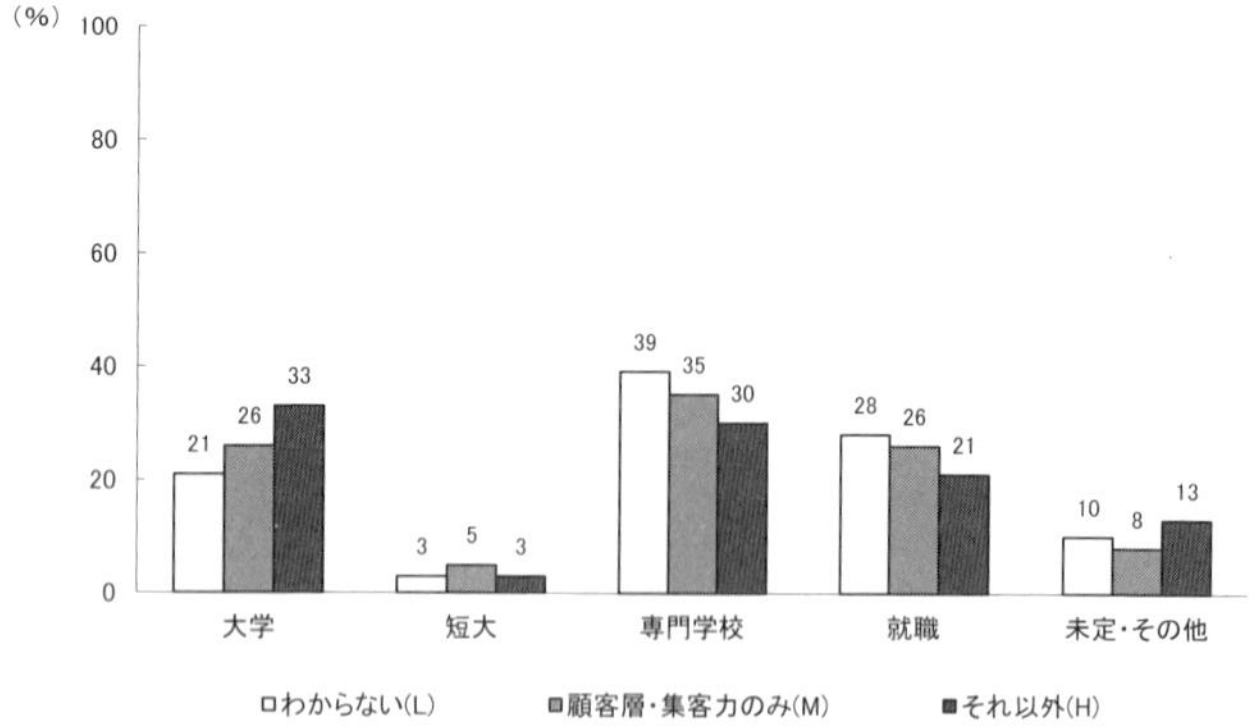

【図 8】 知的柔軟性カテゴリー別に見た進路希望（高校生女子）

進学希望の割合と就職希望の割合が小さい傾向があります。以上の結果は、高校生の進路希望の男女差が、知的柔軟性という要因では説明できないものであることを示唆しています（注6）。

（二）　高校生の大学進学希望に対する、知的柔軟性と親の階層の効果

以上のように、高校生男子でも高校生女子でも、程度の違いはあれ、知的柔軟性と進路希望との間に、関連があることがわかりました。しかしながら、この関連は、親の学歴や職業などが共通の原因として背後に存在することから生じる、「見かけ上の関係」に過ぎないかもしれません。また、親の学歴や職業などが高校生の進路志望に対して（高校生の知的柔軟性を媒介にしないという意味で）「直接的」な影響を与えている可能性も、大きいかもしれません。

そこで、特に大学進学希望に焦点を合わせて、それに影響を与えると予想される複数の要因を同時に考慮した分析を行ってみましょう。そのために、ロジスティック回帰分析という手法を用います。（ロジスティック回帰分析とは、結果を表す変数がふたつの値しか取らないようなものである場合に、それに対して原因となる要因がどのように影響しているかを見る統計手法です。たとえば、太郎丸（二〇〇五）を参照。）

ロジスティック回帰分析によって、それぞれの要因が、大学進学希望のオッズ（高校生が大学進学希望になる確率と大学進学希望にならない確率との比）を高めるのか低めるのか、推測すること

【表 1】 高校生の大学進学希望に対する知的柔軟性と父学歴・父職業の効果：ロジスティック回帰分析で推定された係数

	分析 1 ［ベースラインモデル］	分析 2 ［＋知的柔軟性］
（定数項）	−1.258	−1.429
父学歴（基準：高校卒・中学卒）		
大学卒・短大卒・高専卒	0.625	0.817
父職業（基準：販売・労務・農林水産）		
経営者・管理職・事務職	0.459	0.387
知的柔軟性（基準：わからない）		
顧客層・集客力のみ		0.101
それ以外のタイプ		0.390
性別（基準：女）		
男	0.896	0.933
尤度比カイ二乗値（$-2LL$）	466.4	393.8
サンプル・サイズ（N）	369	315

ができます（注７）。【表１】の「分析１」の欄は、要因として父親の学歴、父親の職業と高校生本人の性別だけを考えた場合の分析結果を要約したものです（注８）。これに対して、「分析２」の欄は、「分析１」で考慮した要因に加えて、高校生本人の知的柔軟性も考慮した場合の分析結果を要約したものです。これらの欄で各要因に対応する形で示されている係数の符号が正であれば、高校生が大学進学希望になりやすいと解釈できます。この係数の符号が負であれば、高校生が大学進学希望になりにくいと解釈できます（注９）。

「分析１」の結果から見て行きましょう。父親の職業や高校生の性別を考慮に入れても、父親の学歴が高校卒・中学卒である場合にくらべて、大学卒・短大卒・高専卒である場合には、高校生が大学進学を希望しやすいようです。父親の学歴と高校生の性別を考慮に入れても、父親の職業が販売職・労務職・農林水産業従事者である場合にくらべて、経営者・管理職・事務職である場合には、高校生が大学進学を希望する傾向が若干強まります。そして、父親の学歴と職業を考慮に入れても、高校生男子は高校生女子よりも大学進学を希望する傾向があると言えます。

しかし、考慮する要因に高校生の知的柔軟性を加えた、「分析2」の結果を見てみると、「分析1」にくらべて、父親の職業に対応する係数の値が小さくなります。また高校生の知的柔軟性が高いと大学進学希望になりやすいという傾向がありそうですが、その傾向はあまり強いものであるとは言えません。むしろ、父親の学歴が父親の職業や高校生の知的柔軟性を媒介せずに、「直接的」に高校生の進路志望に影響を与えている、と考えた方がよさそうです（注10）。

以上のことから、現時点では、高校生の知的柔軟性が教育達成の格差を維持・拡大させる要因になっているとまでは、言えないのではないかと思います。父親の学歴と高校生の大学進学希望とを媒介している要因を探すのなら、知的柔軟性以外のことに目を向ける必要がありそうです。

五　分析結果のまとめと考察

（一）分析結果のまとめ

「学校生活と社会に対する高校生の意識」第二回調査のデータを分析したことで、明らかになったことを、まとめておきましょう。

第一に、父親・母親の職業が親本人の知的柔軟性の高さを決める要因になっているとは言いがたいことがわかりました。母親では、職業と本人の知的柔軟性の間にほとんど関連が見られませんでした。これに対して、父親では、経営者・管理職・事務職だと販売職・労務職・農林水産業従事者にくらべて、知的柔軟性が最も高いと考えられるグループに属する割合が大きくなるように見えました。しかし、父親を学歴が「大学卒・短大卒・高専卒」のグループと「高校卒・中学卒」のグループに分けてみると、いずれのグループ内でも職業と知的柔軟性との関連はほとんどありませんでした。他方で、職業にかかわらず、学歴が大学卒・短大卒・高専卒であると、高校卒・中学卒である場合にくらべて、知的柔軟性が相対的に高くなる傾向がありました。以上のことから、父親の職業と知的柔軟性との関連は「見かけ上の関係」に過ぎず、知的柔軟性の高さに影響を与えているのは職業ではなくむしろ学歴であることが明らかになったのです。

第二に、高校生の大学進学希望に対して父親の学歴・職業や高校生本人の知的柔軟性がどのような影響を与えているかを検討したところ、父親の学歴が父親の職業や高校生の知的柔軟性を媒介せずに、「直接的」に高校生の大学進学希望に影響を与えていることが示唆されました。現時点では、高校生の知的柔軟性が教育達成の格差を維持・拡大させる要因になっているとまでは言えません。また、父親の学歴と高校生の大学進学希望とを媒介している要因を探すのなら、知的柔軟性以外のことを取り上げる必要がありそうです。

(二) 考察

母親では職業と知的柔軟性との間に関連がほとんどありません。父親では知的柔軟性の高さが職業によって異なるという傾向があるように見えたものの、それは見かけ上の関係であると考えた方がよいこともわかりました。これらは、「仕事とパーソナリティ」研究の仮説にあてはまらない結果です。しかも、アメリカ合衆国で一九六四年と一九七四年に実施された調査の分析結果や、ポーランドで一九七八年に実施された調査の分析結果とは異なるものでもあります。

他方で、父親の学歴が父親の職業や高校生の知的柔軟性を媒介せずに「直接的」に高校生の大学進学希望に影響を与えていると考えられることがわかりました。もし父親の学歴と高校生の大学進学希望とを媒介している要因を探すのなら、知的柔軟性以外のことに注目する必要があることも明らかになりました。以上の知見も、社会階層研究の観点からすると、重要な意味を持っています。

産業化された社会の中でも、現代日本社会が、ある意味で「特異」なものである可能性が示唆されるからです。

日本では、他の産業化された社会とは異なり、社会階層というものを考える際に中心的な要素となっている地位のうち、職業よりもむしろ学歴が人々の意識や態度に強い影響力を持っていることは、これまでにも指摘されてきました（たとえば、吉川（一九九八）を参照）。知的柔軟性それ自体は意識や態度ではなくむしろ認知的能力であるとはいえ、意識や態度に関する従来の研究と同じような傾向が確認されたことは、非常に重要であると言えます。

また、家庭（あるいは親）の社会階層と子どもの進学意欲そして進学格差とを媒介するメカニズムに関して、主に欧米を中心にした社会を念頭に置いて提案された様々な理論的仮説が、日本社会にはあまりあてはまりそうにないということも、たびたび指摘されてきました。父親の職業よりもむしろ父親の学歴が高校生の大学進学希望に「直接的」な影響を与えているという、すでに見た分析結果もやはり、欧米とは異なる傾向を示すものと言えるでしょう。

とはいえ、高校生の大学進学希望に対する父親の学歴の影響を強調しすぎると、日本独自の状況をかえって捉えそこなう危険があるかもしれません。父親の職業・学歴や知的柔軟性以外にも、高校生の大学進学希望に影響を与える要因が様々考えられるにもかかわらず、「学校生活と社会に対する高校生の意識」第二回調査データの分析では、それらの要因を含めることができていないからです。

さらに、鹿又（二〇一四）の最近の研究を見ると、出身階層（親の学歴・職業など）を起点として進学格差を説明しようとする理論的仮説にそもそも限界があるのかもしれない、とさえ考えられます。鹿又は、欧米社会を念頭に置いて、家庭（親）の社会階層と子どもの進学行動とに強い関連があることを想定して構築された様々な理論的仮説を、互いに競合するものと位置づけた上で、日本の成人男女を対象にして継続的に行われてきた全国調査のデータを分析しています。結果は、これらの理論的仮説が単独ではどれも日本の状況を説明できないことを示すものでした。むしろ、父親の学歴・職業にかかわらず、学業成績と進学意欲とが互いに影響し合いながら進学意欲が進学先の高校種別や大学種別に影響を及ぼしている、というプロセスが浮かび上がってきたのです。

日本では、父親の学歴が、知的柔軟性以外の何らかの要因を媒介にして、進学意欲や進学先に影響を与えているのでしょうか。それとも、そもそも父親の学歴から進学意欲や進学先に至る因果連鎖がないものと考えた方がよいのでしょうか。これらの問いに答えることにより、日本社会の特徴を明らかにしていく必要があります。さらに、なぜ日本にはそのような特徴が見られるのかを、学校教育制度や労働市場などに注目して国際比較を行うことで、解明して行くことも重要なことでしょう。

六　今後の課題

前節までに述べてきたことの中には、明快さやわかりやすさを優先するため、本当は留保を付けたり課題があることを指摘したりすべきなのに、それを省略してきた部分もあります。過度の一般化を避ける意味でも、そのような留保や課題について、最後に触れることにしましょう。そのような留保や課題を挙げていったらきりがないのですけれども、以下ではその中でも特に重要と思われる次の三点を強調したいと思います。それは、（一）回答者に配慮しながら知的柔軟性の測定を向上させる必要があること、（二）時代の変化を考慮した国際比較を試みる必要があること、（三）代表性が高い標本（サンプル）で分析を行っても同じ結果が得られるか確認する必要があること、です。

（一）知的柔軟性の測定の向上と回答者への配慮

第一に、回答者に対して十分に配慮しながら、知的柔軟性に関して多角的な観点から、より精度も比較可能性も高い測定を追求するという課題に、取り組んで行かなければなりません。「ハンバーガーショップ立地問題」だけで知的柔軟性を測定しようとするのは、あまりにおおざっぱすぎると言えます。本来であれば、より多角的な観点から知的柔軟性を測ることが必要です。実際、「仕事とパーソナリティ」研究の視点からアメリカ合衆国とポーランドで実施された調査では、「ハンバーガーショップ立地問題」以外にも、複数の質問項目を用い、それらへの回答を組み合わせることで、知的柔軟性の総合的な尺度を構成することが試みられています。そして、そのような質問項目は、発達心理学や認知心理学の分野における研究の蓄積を踏まえたものなのです。

測定の精度を上げるという観点からも、国際比較を厳密に行うという観点からも、このような質問項目もあわせて用いて、アメリカ合衆国やポーランドでの調査と同様の測定をして、回答者の知的柔軟性の高さを判定すべきなのは、言うまでもありません。しかしながら、そのような形で知的柔軟性を測定しようとした場合、特に日本では、次のような問題が生じるおそれもあります。まず、これらの質問項目の中には、回答者の「知能」をあからさまな形で測定しようとするものや、「クイズまがい」と受け取られかねないものもあります。このような質問項目に対し、回答者が不快と感じ、回答を拒否することが考えられるのです。また、これらの質問項目を用いようとすると、質問項目の数が多くなり、回答者にとって負担が大きいと感じられることでしょう。その負担感のせいで、すべての質問項目に回答しない人や一部の質問項目に回答しない人も増えてしまうかもしれません。

（二）時代の変化を考慮した国際比較の必要性

第二に、国際比較をより厳密な形で行うためには、時代の変化も考慮に入れた調査設計で、データ収集と分析を実施する必要があります。

第三節では、一九六四年・一九七四年にアメリカ合衆国で実施された調査の結果や一九七八年にポーランドで実施された調査の結果と、二〇一〇年に日本（より正確に言えば宮城県）で実施された「学校生活と社会に対する高校生の意識」第二回調査の結果とを比較しました。これは確かに地理的な面では国際比較であるとはいえ、同時に異なる時点の間の比較にもなってしまっています。アメリカ合衆国・ポーランドと日本との違いと考えてきたことが、実は時代の変化によるものであるのかもしれません。

特に、知的柔軟性をグローバリゼーションにさらされる現代社会において必要なスキルや知識のひとつと位置づける観点からすると、アメリカ合衆国やポーランドで、さらにはその他の国や地域でも、新たに調査研究を行う必要があります。（もっとも、「グローバリゼーション」がいつから始まったかに関しては様々な考え方があります。グローバリゼーションの進展という点では一九六〇年代でも二〇一〇年代でも変わりがない、という見方もあるかもしれません。）また、日本においても、一九七〇年代（あるいは一九六〇年代）に知的柔軟性と社会階層に関する調査が行われていないか調べ、もし行われていたのであればそのデータをあらためて分析し、近年の調査の分析結果と比較して変化があったと言えるか確かめることも必要です。

(三)　代表性の高い標本（サンプル）での確認の必要性

第三に、より代表性の高い標本（サンプル）で分析をし直して、同じような結果が得られるかを、確認しなければなりません。

「学校生活と社会に対する高校生の意識」調査で回答をお願いしたのは、宮城県内の高校三校の二〇〇九年入学生とその保護者であると述べました。宮城県内では当時、多くの高校で男女共学化や中高一貫校の設置など、様々な形での「高校改革」が実施されていました。このような改革のただ中にある高校の協力が得られにくいのではないかと判断し、これらの改革の影響が比較的小さいと思われる高校に協力を依頼することにしたのです。その結果、調査を実施する高校は、いわゆる「進路多様校」に限られ、進学校や専門高校（商業高校・工業高校など）は含まれないことになりました。したがって、この調査の分析結果を、「日本の高校生とその保護者」にあてはまるものと一般化することはできませんし、「宮城県の全日制高校生とその保護者」にあてはまると言うことさえ難しいのです。

標本で得られた結果を一般化して語るためには、標本の代表性が高くなければなりません。そのためには、原理的には、「無作為抽出」という方法を用いることが必要です。しかし、現実には、高校生（とその保護者）を対象にした調査を行おうとする際に、無作為抽出法を適用することはきわめて難しいと考えられます。そこで多くの場合、次善の策として、「有意選択」という方法を用いざるを得ないことになります。たとえば、研究者の観点から高校の分類を考え、回答を依頼する高校生の集団が、全体での分布（高校種別ごとの在籍者の比率など）を反映した標本になることを目指すのです。

このような代表性が高い標本を用いても、これまで見て来たのと同じような傾向があると言えるか否か検討することによって、私たちの知識がより確かなものになって行くことでしょう。

おわりに

グローバリゼーションの波が押し寄せ雇用の流動化が進む中で、現代日本の若者に必要とされるスキルや知識のひとつとして、知的柔軟性を取り上げることにしました。そして、欧米を中心として実施されてきた調査研究と比較をする形で日本のデータの分析を行い、その結果に考察を加えました。さらに、今後取り組むべき課題についても具体的に検討しました。以上の分析・考察・検討をふまえ、さらに研究を進めて、産業化された社会の現状とその中での日本社会の特徴をより深く理解し、そのような現状と特徴を生み出すメカニズムを解明することに、貢献ができればと考えています。

謝　辞

「学校生活と社会に対する高校生の意識」調査にご協力いただいた皆様に、あらためてお礼申し上げます。この調査データの使用にあたっては、東北大学教育文化研究会の許可を得ています。

【注】

1　「仕事とパーソナリティ」に関する研究の紹介は、主にKohn and Schooler (1983) とKohn and Slomczynski.（[1990] 1993）に依拠しています。アメリカ合衆国やポーランドで実施された調査の結果も、これらの文献で報告されているものです。社会階層研究については、「仕事とパーソナリティ」研究とも関連が深いことから、主にHout (1984) の考え方を紹介しています。

2　もともとアメリカ合衆国で行われた調査における質問文では、「ハンバーガーの屋台」をどこに出すか決める、ということになっていました。また、社会主義政権時代のポーランドで実施された調査では、ハンバーガーが普及していなかったためか、「街頭や駅などの新聞・雑誌販売所」の立地問題に置き換えた質問が用いられていました（Kohn and Schooler, 1983, p. 112 : Kohn and Slomczynski.

[1990] 1993, p. 70)。日本では現在、ハンバーガーの販売形態としてはどのようなものが一般的かを考慮して、「ハンバーガーショップ」としました。

3 より厳密に考えれば、たとえば競争関係の存在は、アルバイト店員の確保の難しさなど、コスト面のことにも繋がりうるものです。また実際には、「リスク」、時間的な安定性、将来性など、需要・供給・競争関係よりも「高次」のレベルのことについて触れている回答も見受けられました。しかし、これらの要因やメカニズムを挙げた回答の数はごくわずかだったため、【図2】の図式にもとづいた分類でもさしあたっては十分であろうと判断しました。

4 父親にくらべると母親の方が、職業と知的柔軟性との関連が弱いのは、日本では有配偶女性がフルタイム雇用あるいは正規雇用を継続するのが難しいことを反映しているのかもしれません。この困難さゆえに、仕事を通して知的柔軟性を高めることができないことも考えられますし、そもそも持っていた知的柔軟性に見合うような仕事に就けないとも考えられます。しかしながら、このような推測を確かめるためには、女性の職業経歴を包括的にとらえるような調査を実施することが必要になります。

5 最終学歴が「中退」の人も、卒業したと同じとみなしています。

6 高校生の進路希望の男女差がどのような要因によって、またどのようなメカニズムによって生成されるのかも、確かに重要な研究課題です。しかし、そのことに知的柔軟性があまり関係していないようですので、ここではこれ以上深く検討しないことにします。

7 厳密に言うと、ここでのロジスティック回帰分析における従属変数（被説明変数）は、大学進学希

文化の翻訳可能性をめぐって

――イタリアの芸術と言語――

エンリコ・フォンガロ

望のオッズを対数変換したものになります。

8　ここでは、家庭の階層的地位を表すものとして、父親の学歴と父親の職業のみ取り上げることにしました。これは結果的に、階層の単位を個人でなく家族と見なし、家族の階層的地位は父親の地位で表すことができると仮定することになってしまいます。しかし、本来であれば、階層の単位を個人とするとともに、ひとり親家族や再婚家族なども視野に入れ、「家族構造の多様性」を前提にして社会階層・社会的不平等をとらえようとすべきものと考えています。（この点については、余田（二〇一二）の主張に賛同しています。）父学歴・父職業のみを取り上げるのは、両親の学歴・職業を同時にロジスティック回帰分析の独立変数として投入した場合の統計学的な問題を回避したり、「学校生活と社会に対する高校生の意識」調査データでは家族構造の多様性を必ずしも十分に把握することができないという制約に対応したりするための、便宜的な措置であると理解していただければ幸いです。

9　一般に、それぞれの要因（独立変数、説明変数）に対応した係数の推定値は、どのような要因（独立変数、説明変数）の組を考えるかで異なります。そのため、この係数の値をそれに対応した要因（独立変数、説明変数）が固有に持っている効果や影響力の大きさと解釈できないことに、注意が必要です。

10　このように判断した背景には、高校生の知的柔軟性と父親の知的柔軟性の間にはほとんど関連が見られないこと、父親の職業と高校生の知的柔軟性との間にもほとんど関連が見られないこともあります。（これらのことを示す図表は省略します。）

【引用文献】

ブリントン、メアリー・C　二〇〇八　『失われた場を探して―ロストジェネレーションの社会学―』NTT出版

原　純輔・海野道郎　［一九八四］二〇〇四　『社会調査演習』（第二版）　東京大学出版会

Hout, Michael. 1984. "Status, Autonomy, and Training in Occupational Mobility." *American Journal of Sociology*. 89（6）: 1379–1409.

カーネマン、ダニエル　二〇一四　『ファスト&スロー―あなたの意思はどのように決まるか？―』（上・下）　村井章子訳　早川書房（ハヤカワ・ノンフィクション文庫）［Kahnemann, Daniel. 2011. *Thinking, Fast and Slow*. New York: Farrar, Straus and Giroux.］

鹿又伸夫　二〇一四　『何が進学格差を作るのか―社会階層研究の立場から―』　慶應義塾大学三田哲学会

吉川　徹　一九九八　『階層・教育と社会意識の形成―社会意識論の磁界―』　ミネルヴァ書房

金明哲　二〇〇九　『テキストデータの統計科学入門』　岩波書店

木村邦博（編）　二〇一四　『変動期における高校生の社会的態度・スキルの形成―学校生活と社会に対する高校生の意識調査報告書―』　東北大学教育文化研究会

Kohn, Melvin L., and Carmi Schooler. 1983. *Work and Personality: An Inquiry Into the Impact of Social Stratification*. Norwood, New Jersey: Ablex.

Kohn, Melvin L., and Kazimierz M. Slomczynski.［1990］1993. *Social Structure and Self-Direction: A Comparative Analysis of the United States and Poland*. Cambridge, Massachusetts: Blackwell.

松村真宏・三浦麻子　二〇〇九『人文・社会科学のためのテキストマイニング』誠信書房

太郎丸 博　二〇〇五『人文・社会科学のためのカテゴリカル・データ解析入門』ナカニシヤ出版

余田翔平　二〇一三「家族構造と不平等の生成―ひとり親世帯出身者のライフコースに関する計量的研究―」平成二四年度東北大学文学研究科博士論文

【図版出典】

図1・図2　木村邦博（編）二〇一四『変動期における高校生の社会的態度・スキルの形成―学校生活と社会に対する高校生の意識調査報告書―』東北大学教育文化研究会

図3・図4・図5・図6・図7・図8・表1　「学校生活と社会に対する高校生の意識」第二回調査データの分析にもとづいて作成

4 文化の翻訳可能性をめぐって

――イタリアの芸術と言語――

エンリコ・フォンガロ

はじめに

Kein ding sei wo das wort gebricht
「ことばの欠けるところものあるべくもなし」

これはドイツの哲学者マルティン・ハイデッガー（一八八九―一九七六年）が折にふれて引用し、彼の著書の中で解釈を試みた一節です。「言葉」（Das Wort）という題で、一九一九年に発表されたドイツの詩人ゲオルゲ（Stefan George, 一八六八―一九三三年）による詩の最後の一行です。現在、日本語で西洋美学の講義を教え、西田幾多郎の著作をイタリア語に翻訳してきた私にとって、言葉や言葉の翻訳は常に大きな問題となります。本章では、ゲオルゲの一行からはじめ、私の考えを日本語で述べてみようと思います。これは私にとって、「日本語」の大きな家の中に入って、客になった外国人のように振る舞おうという試みですが、まずは「客」である、というところから話をすすめたいと思います。

「ことばの欠けるところものあるべくもなし」。私はこの言葉に、こう付け加えてみたいと思います。世界には様々な言葉、言語がありますが、「あることばがあるところ、そのものあるべし」ということです。私は、言葉が変わると、ものも変わるという現実に毎日直面して生活しています。しかし、それは私だけが特別なのではなく、言い換えるならば、私達が生きているこの時代の特徴の一つなのであり、誰もが避けられない問題なのかもしれません。私が今書いているこの文章自体がすでに「翻訳」であることを忘れないでください。そしてゲオルゲの一行、「ことばの欠けるところものあるべくもなし」も翻訳です。日常生活のどこをとっても、言葉と文化の翻訳の問題にあふれています。そこで、本章のテーマは「イタリア芸術と言語」ですので、文化の翻訳の問題をイタリア語とイタリア文化を出発点としてお話ししたいと思います。

ある芸術作品がある文化の中でつくられるということが、その文化を表現することだと言えるのならば、詩や文学だけでなく、すべての芸術は、厳密にそれぞれの文化の背景となる言語に貫かれていると考えることもできます。ですから、ある芸術作品、ある文化を深く理解するためには、その言語を習得することが必要になってきます。逆に見れば、言語は文化のよりどころという「場所」

であるとも言えるでしょう。そのため、外国でつくられた芸術作品を理解するには、その作品のつくられた背景言語、外国語を理解することが必要になります。つまり、ある芸術作品を翻訳しようとする時には、その芸術がつくられた背景言語である外国語を、その芸術作品を鑑賞する者にとっての母語（注1）に「翻訳」することが不可欠なのです。

「翻訳する」は英語では translate で、これはラテン語の transferre〈トランスフェレ〉から派生した語です。イタリア語の「翻訳」、traduzione〈トラドゥツィオーネ〉は、英語の translate と同じようにラテン語の traducere〈トラドゥケレ〉から来ています。その本来の意味は、「Aの場所からBの場所へ何かを運ぶ」ということです。しかし、芸術作品や文化を翻訳する場合には、単に事物を機械的にAからBの場所に運ぶというわけにはいきません。翻訳者はAの場所から抽出した語がBのどの場所にあてはまるか考え、その場所を選び、うまくその場所が見つからない場合には、苦労して色々な工夫をこらしながら何とかBの場所に運んでいく、といった作業が伴います。つまり、ここに翻訳者の「解釈」が生じます。芸術作品の理解を深めるためには、その言語を体得しながら、その文化を解釈することが必要ということになります。翻訳は、客観的なプロセスではなく、常に「解釈」のフィルターがかかるものなのです。そのため、「翻訳」の作業を行なうことによって、AとBの文化間を往来し、照らし合わせるという「異文化間的（インターカルチャー的）」とでも言える行為が頻繁に起こることになります。ここで、AでもBでもない何か別のことが生み出されるということもしばしば起こります。

それでは、先に述べたような立場から、私が西洋美学を日本で教える中で気がついた言語と文化のレベルでの翻訳の問題について、それぞれの例を挙げて述べていきたいと思います。

一　言語のレベルでの「翻訳」の問題

シモーネ・マルティーニ（Simone Martini, 一二八四―一三四四年）の『受胎告知』（一三三三年）【図1】を見てください。どのように感じるでしょうか。「きれい」でしょうか、「荘厳」でしょうか。多くの人はまずは、「美しい」と感じるのでないでしょうか。ただ、この「美しい」ということばは、どういう意味で「美しい」のでしょうか。特に外国人である私のような者は、「美しい」という語が何を指しているのかはっきりとイメージすることができません。そこで、言語のレベルでその意味に近づくために、辞書を引いてみることにします。

広辞苑（第四版、一九九五年）によれば、「美しい」とは、

「肉親への愛から小さいものへの愛に、そして小さいものの美への愛に、と意味が移り変わり、さらに室町時代には、美そのものを表すようになった」

【図 1】 シモーネ・マルティーニ、《受胎告知》 フィレンツェ、ウフィツィ美術館

とあります。肉親、小さいものへの愛から「美しい」という意味になったということです。これがわかったところで、今度は「美」という漢字はもともとどういうことを表しているのか、知りたくなります。『字統』（白川静）を見てみると、「美」という漢字は、「美」の上部が儀式につかわれていた「羊」で、下部の「大」は下体を表す文字であることが解説されています。つまり、「美」とは元来は、羊の肥美の状態をあらわし、「神に薦めるべきもの」という意味を表すものとしてつくられた文字であったことがわかります。興味深いことに、「美」に用いられている「羊」は「善」や「義」にも同様に使用されていることから、「美」、「善」、「義」は互いに関連している概念で

【図2】『字統』、より「美」

【図3】『字統』、より「善」

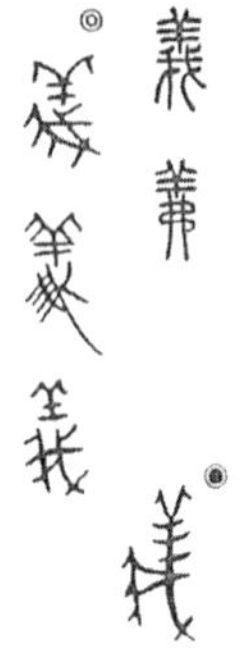

【図4】『字統』、より「義」

あることも推測されます【図2、3、4】。「美」の誕生が、昔の儀礼、儀式と関係しているという説は、昔の漢字を見ると裏づけられる気がします。西洋でも一番古い「芸術作品」は原始人の儀礼と関係があるとされています。

　日本語と漢字がそうであれば、イタリア語をはじめとしたヨーロッパの諸言語においてはどうでしょうか。イタリア語では、「美」はbellezza〈ベレッツァ〉、「美しい」はbello〈ベッロ〉と言いますが、これは、ラテン語のbellus〈ベッルス〉に端を発する語です。Bellusとは、bonum〈ボーヌム〉の指小辞（接尾辞の一種で、小さいものを表す）ですが、bonumとは「善」を意味することばで、その指小辞ですから、もともとは「なかなか善い」という意味であったわけです。つまり、bellusにおいても、「なかなか善い、小さくて可愛い」という意味が現在の「美しい」という語のもとになったということがわかります。このbellusに由来する

「美しい」という語には、フランス語のbeauté〔ボテ〕や英語のbeauty〔ビューティー〕もありますが、他の言語にも目を向けてみると、例えばスペイン語は、hermoso〔エルモーソ〕で、これはラテン語ではformosus〔フォルモスス〕、つまり形がよい、ということを表しています。それに対して、ドイツ語のschön〔シェーン〕、オランダ語のschoon〔ショーン〕は、英語で言うところのshine〔シャイン〕、つまり光輝く、という意味に端を発しており、それぞれ「美しい」という語の語源が国や言語によって少しずつ異なることがわかります。いずれにせよ、中国や日本において「美」のもとをたどると、「小さいもの」や「善」に行きつき、これはイタリア語でも似た意味に行きつくことは大変興味深いことです。

今、「美しい」ということばを例にあげ、それぞれの言語において、その「美しさ」という語の意味するところが少しずつ異なっているということを見てきました。しかしもう少し掘り下げてみると、それぞれの文化で「美しい」ものとされる概念には、さらに文化特有のものが含まれていることに気づきます。

例えば、日本文化において独特の美を表すとされる「幽玄」、「侘び」、「粋」などは他の言語にどのように翻訳することができるのでしょうか。こうした概念の翻訳は、大変困難と言わざるを得ません。例えば、九鬼周造（一八八八―一九四一年）の『「いき」の構造』は多くの言語に翻訳され、日本文化の代表的な文献として海外に紹介されていますが、この「粋」は、イタリア語ではgrazia〔グラッツィア〕と訳されました。Grazia は英語で言うと grace〔グレース〕となります。しかし、grazia は、古代ギリシャの「カリス」まで遡ることができ、色々なニュアンスをもつ言葉です。ギリシャ語辞典で調べると、カリスの意味は当初は「美しさ、優雅さ、優美さ、魅力」でしたが、後に、特にキリスト教の時代に入ると、ラテン語の gratia はもっぱら「恩恵」、「恵み」の意味になりました。例えば、最初にお見せしたマルティーニの《受胎告知》をもう一度見てみると【図5】、大天使ガブリエルはマリアへの挨拶として、"Ave, gratia plena, dominus tecum"（アヴェ、恵まれた方、主があなたと共におられる）と言っています。つまり、この gratia は、聖なる恵み、恩寵を意味します。美学的・宗教的な意味を持つこの言葉は、ルネッサンス時代に入ると美学のキーワードのひとつにもなりました。例えば、イタリアの作家カスティリオーネ（Baldassarre Castiglione, 一四七八―一五二九年）の作品に、ウルビーノ宮廷のある四日間を描いた『宮廷人』（一五二八年）がありますが、そこでは「美」としての grazia についての議論が繰り広げられています。理想的な宮廷人は、すべての面で美しくなければなりません。この美しさは grazia です。

「伯爵、もし、私の思い違いでなければ、宮廷人はその動作、身のこなし、態度、要するにすべての行動に grazia をもってのぞむべきだということを、あなたは今夜何度かくり返されました。」

【図 5】　シモーネ・マルティーニ、《受胎告知》（部分）

（『宮廷人』、八五頁）

このように、grazia は宮廷人らしさの精髄そのものとなりました。宗教的な意味から再び美学的な領域に戻ることになりましたが、カスティリオーネの本の中で頻出する grazia という語は、日本語では「気品」と訳されています。同じ文化の中で時代によって意味が変わる grazia を、日本語に訳すれば恩寵にもなり、気品にもなります。しかし同時に「粋」という日本文化に独特な言葉がイタリア語に訳された時、この言葉もまた grazia となったのです。

このように、「美」や「美しさ」という語をとってみただけでも、言語によって、またその言語をつかう文化によって、語の持つ意味がいかに異なっているか、またそれを他の言語に訳すことがいかに難しい作業であるか、お分かりいただけたかと思います。しかし、ある著作を翻訳していると、言語のレベルだけではなくその背景全体も含めて翻訳が必要な場面によくぶつかります。自分の言語で言い表すことの限界を感じると同時に、自分の言語の文化、他文化に関して理解を深めていくための新しいチャンスの訪れを感じます。次の節では、さらに大きなレベルにおける「翻訳」の問題に触れてみようと思います。

二　文化のレベルでの「翻訳」の問題

(一)　ヴァザーリによる「ジョットのオ」

冒頭で述べましたように、私はこの十数年ほど、日本の哲学者である西田幾多郎（一八七〇―一九四五年）の著作をイタリア語に翻訳するという作業を続けてきました。その際、言葉の翻訳や文化の翻訳に関するさまざまな問題がでてきましたが、その中でも大変印象深い一例をご紹介したいと思います。

『善の研究』（一九一一年）は日本ではじめての「哲学」の本ですが、そこでは若年期の西田は、自身の思想を説明するために、たくさんの西洋哲学の言葉と概念を使いました。そのため、最初に、特に、その翻訳を読んだ時には、彼の思想の独創性が表わされていないような印象を受けます。西田の思想の根柢にあるのは東洋的な世界観ですが、彼が使っている引用や用語は西洋哲学のものですから、西洋の言語で翻訳されたものを読む読者には、自分の知っている哲学に近いものだと感じられるのです。しかしそれと同時に、どこか違和感を感じさせる部分も多く見られます。特に、『善の研究』の第三編、第十三章の終わりのところをイタリア人の読者がイタリア語で読むと、どうもピンと来ない部分が出てきます。ここで西田は、ジョットという画家に関する逸話を引用しています。それは「ジョットの才」という逸話として、イタリア人であれば誰でも知っているものです。「ジョットの才」とカタカナで書くと分かりづらいかもしれません。西田の日本語訳では「ジョットーの円形」となっています。「オ」をアルファベットで書くと「O」、つまり「まる」になるからです。しかし、アルファベットの「O」は「円形」ではなく、少なくとも、イタリアでは子供の時にこの逸話を聞くことが多いため、「オ」という響きは幾何学的な「円形」というよりも紙一枚の上で形をとった無形の音のイメージのほうが近く感じられます。それでは、西田の引用する「ジョットのO」とは、どんな話なのでしょうか。

ジョット（一二六七―一三三七年）は、イタリア美術はもとより、西洋美術史において大変重要な画家であり、「西洋絵画の祖」と言われている人物です。ジョットがいかに偉大な画家であったかについては、例えば、中世のイタリア人画家チェンニーノ・チェンニーニ（Cennino Cennini, 一三七〇―一四四〇年）の『絵画術の書』には、

「〔ジョットが〕絵画をギリシャ的なものからラテン的なものに変え、更に現代的に斬新なもの

にした。私はかつてこれほど完全な絵を見たことがない。」

（『絵画術の書』、二―三頁）

とあります。ジョットは、前の時代のビザンチン絵画（ギリシャ的なもの）から離れ、新しい表現方法を生み出し、美術における新時代を切り開いた人物として、当時すでに認められていました。そのことは、有名なダンテ（Dante Alighieri, 一二六五―一三二一年）の『神曲』の中の次のような記述からも、はっきりと読み取れます。

「チマブーエは絵画界で王座を占めたと思っていたが、
今ではジョットが名声を得た、
ために前者の影は薄れてしまった。」

Credette Cimabue nella pittura
tener lo campo, ed ora ha Gioto il grido,
sì che la fama di colui è scura

（『神曲』「煉獄編」第十一歌）

それから三百年あまり後にヴァザーリ（Giorgio Vasari, 一五一一—一五七四年）が著した『ルネサンス画人伝』の中でも、ジョットには美術史上の大きな意味が与えられています。そしてここに、「ジョットのO」の逸話が書かれているのです。

天才画家には、さまざまな逸話が残るものです。ジョットに関する逸話は、日本でいうと雪舟が子供のころに寺の柱にしばりつけられながらも自分の涙で鼠を描いたといった逸話と比べられるかもしれません。ヴァザーリの著書におけるジョットの項には、雪舟に関するような「天才児」の現れのエピソードがあり、後で師匠となるチマブーエとの出会いを記す一節もあります。雪舟の場合には鼠でしたが、ジョットでは「羊」を描いており、それをチマブーエが目に留めたという話が残っているのです。そして、西田が引用した「ジョットのO」の話へと続きます。そこでは、法王の家臣がバチカンのサン・ピエトロ寺院に絵を描く画家を探すために、ジョットに会いに来るくだりが書かれています。

（法王の家臣は）フィレンツェに着くと、ある朝ジョットの仕事場を訪ね、法王の意向を伝え、〈……〉最後に法王へ参考として送るために少しデッサンを描いてくれまいかと頼んだ。ジョットは気持ちよくそれに応じ、紙を一枚取り出すと、右腕を右脇にしっかりと固定して、それをコンパスの軸とし、赤に染まった筆を手先でぐるっとまわして円を描いた。それは一点非の打

ちどころのない完全な円であった。そして書き終えたジョットは微笑して法王の家臣に向かい、

「これがお求めのデッサンです」

と答えた。

家臣は愚弄されたと思い、

「ほかになにかデッサンをいただけないでしょうか」

というと、ジョットは、

「これで十分です。もう十分すぎるくらいです。」

と答えた。そしてジョットは、

「ほかの人のデッサンと一緒に送ってごらんなさい。そうすれば私のデッサンが認められるかどうかわかるでしょう」

とつけたした。法王の家臣はこれ以上デッサンをもらえないことを知り、不満気な表情でジョットの仕事場を立ち去った。彼は自分が馬鹿にされたのではないか、と疑っていたのである。しかし、ともかくほかのデッサンとその作者名を送るとき、ジョットのデッサンも法王宛に送り、あわせてジョットが腕を動かさずコンパスも使わずに円を描いたときの模様も報告しておいた。すると美術について見識のあった法王その他の廷臣たちは、たちどころにジョットが同時代の画家のなかで抜群の才能の持主であることを了解したのである。〈……〉

（ヴァザーリ『ルネサンス画人伝』、二五頁。傍線は筆者による）

この逸話は、イタリアでは大変有名となり、のちに鈍感な人に向かって発される諺ともなりました。

〈……〉「君はジョットの円よりもまるいね」（Tu sei più tondo che l'O di Giotto）

この諺で使われている丸いという語 tondo〔トンド〕は、完全な円形という意味とともに鈍感でにぶい、という意味を併せ持っているために味のある諺となっている。

（ヴァザーリ『ルネサンス画人伝』、二六頁）

この逸話の顛末はこうです。法王はその後、サン・ピエトロ寺院の特別席や聖器安置室など重要な場所に描かれるべき絵画をジョットにまかせることとなったとされています。

（二）「ジョットのO」のイタリア的解釈

さて、これほどまでに有名になったジョットの作品やこの逸話でとりあげられているジョットの才能を示す、「ジョットのO」には、イタリア文化と美学に関する重要な三つの点が含まれていると考えられます。引用部に傍線で示した部分に注目してください。

まず、イタリアでこの話を聞いた人が驚き、尊敬するのは、ジョットが「コンパスを使わず」に、「右腕を右脇にしっかりと固定して、それをコンパスの軸とし」て完璧な円を描き、相手が考えてもいなかったような対応を即座に返した点です。これは「天才のひらめき」とでも言うべきものです。ローマ・ギリシャ文化に根柢を持つイタリア文化では、このような「ひらめき」や「工夫」が今でも価値のあるものとされています。

ギリシャ文化においては、困った時の問題の解決のために、「メティス」という特別な能力があるとされていました。ギリシャ語辞典で調べると、「メティス」は「賢慮」、「知恵」などと訳されています。紀元前十五世紀、ミノア時代の壷を見てみましょう【図6】。日本でのイメージとはずいぶん違い、古代ギリシャ文化では蛸が大変賢い動物と考えられていました。蛸は、「メティス」を象徴する動物で、危ないときには自分の身体の色を変え、困ったときには墨を吐いて逃げるのです。

このほかにも、ギリシャの文化の根幹をなす作品の一つである、ホメーロスの叙事詩『オデュッセイア』の主人公でもあるオデュッセウスも、メティスを象徴する英雄として挙げることができます。他の英雄たちが力で勝負するのに対し、彼はメティスという知恵で勝負する、「工夫に富んだ」、「非常に賢い」英雄であり、理想的な男性のモデルの一人とされています。日本語では、オデュッ

【図6】 ミノア時代の壷　イラクリオン、考古学博物館

セウスは賢慮、知将、奸計、奸智などの単語で形容されているようです。この「ジョットのO」の逸話が今でもイタリアで大変よく知られているのは、きっとイタリア人がまだこのような「ひらめき」を高く評価しているからなのでしょう。

しかし、この逸話にはもっと興味深いところがあるように思います。ヴァザーリが著書の中でこの逸話を大変強調したのには、何か深い理由があるはずです。専門家の意見によれば、このジョットの逸話自体は、後世の人々がつくりあげたものだということです。つまり、「ジョットのO」には、ルネッサンス期の人々にとって重要なことが含まれているため、ルネッサンス期の人間の一人であったヴァザーリは『ルネサンス画人伝』にこの逸話をわざわざ入れたのだと考えられるのです。中世に生きていたジョットがおそらく感知すらしなかったようなことが、ルネッサンス時代の美学においては非常に大事なことだったのです。それを理解するためには、またカスティリオーネの『宮廷人』に戻らなければなりません。

「ジョットのO」の逸話から読み取れる重要な点の二つ目は、カスティリオーネが宮廷人に欠かせないとした「気品」のために必要な「さりげなさ」とでも呼ばれる態度にほかなりません。「気品」については前節でも少し触れましたが、カスティリオーネの作品の中で、「気品は何から生まれるのか」という問いに対して、彼はそれが、「わざとらしさを避けること」と「ある種のさりげなさ」から生まれると結論づけています。この「さりげなさ」のもとのイタリア語はsprezzatura〈スプレッツァトゥーラ〉という語です。カスティリオーネは、これが以下のようなものであると書いています。

「〈……〉ところで、天からそれを恵まれた人びとは別としてもこの気品がなにから生まれるのか、すでに何度も思いめぐらしてみたのですが、およそ人間の為したり言ったりすることのなかで、なによりもこの点について有効であると思われるきわめて普遍的な法則を私は見つけました。つまりそれはこの上もなく怖しい危険な暗礁から逃れるように、できるかぎりわざとらしさを避けることです。そして新語を用いて申せば、すべてにある種のさりげなさ(sprezzatura)を見せることです。」

（カスティリオーネ『宮廷人』、八九―九一頁）

Sprezzatura は日本語版の訳者によって、次のように説明されています。

「“Sprezzatura”――人に自然らしい、巧まない印象を与えるある種の気のきいた磊落（らいらく）さ、無頓着さ、それは計算されたものでありながら、人にはそれと悟らせないだけの才覚を伴ったものでなければならない。」

（カスティリオーネ『宮廷人』、七八三頁）

さて、カスティリオーネは次のように続けます。

「〈……〉すなわち、技巧が表にあらわれないようにして、なんの苦もなく、あたかも考えもせず言動がなされたように見せることです。このことから大いに気品(grazia)が生じるわけです。〈……〉ですから気品とは、技（わざ）とは見えぬ真の技であると申せましょう。またそれをひた隠しにすることのみに努めるべきなのです。」

（カスティリオーネ『宮廷人』、九一頁）

宮廷人たちは、このような「さりげなさ」を宮廷の日常生活の中で色々な場面で見せています。例えば、何頁か後、カスティリオーネは次のように記しています。

「たとえばここに武器を用いようとする一人の男がいるとします。そして槍を投げようとして、あるいは剣かなにか他の武器を手にして、体と手足がごく自然になんの無理もなくそうした場におさまっているようにみえるほどの気楽さで、こだわりなく楽な姿勢でかまえていると、まだなにもしないうちから、だれの眼にもかれがこの実地の技において完璧至極なことが明らかになるのです。同様に、ダンスにおいてもたった一歩で、気品のある、無理のない体の動きひとつで、たちどころに踊り手のうまさがわかってしまいます。一人の歌手が、歌うときにまるで苦もなくやってのけたとみえるほどの気楽さで一重複ターンで和らかいアクセントでおわる声を一声発しただけで、たったそれきりのことで実際にやったよりはるかに長じていることがわかってしまいます。」

（カスティリオーネ『宮廷人』、九七頁）

槍や剣を使うときに、あるいは歌、踊りの時に、「さりげなさ」があれば、「気品」があらわれるということです。カスティリオーネはもう一つの大事な例をあげます。

「また絵画においてもしばしばみられるのですが、まるでなんの気負いもなく、なんの技を用いることもなく、手がひとりでに画家の意志に従って、その目標に進むかのようにみえる仕方で、描かれたたくまざる線一本で、やすやすと運ばれた筆のさばきひとつで、明らかにその画工の優秀さが読みとられます。」

（カスティリオーネ『宮廷人』、九七―九頁）

ヴァザーリは、「ジョットのO」の逸話の中で、このような「さりげなさ」の例を挙げたかったのだと考えられます。彼はここで、中世の本物のジョットではなく、ルネッサンス時代の理想的な芸術家のイメージに合致したジョットを描いているのです。

三点目もルネッサンス美学と深い関係があると思われる点です。これは、ルネッサンスの美学よりも前、ルネッサンス時代までに西洋美学の「大理論」と言われている美に対する考え方の一つです。ヴァザーリが何回も強調するように、ジョットがコンパスを使わなかったにも関わらず「完全な円形」、「一点非の打ちどころのない完全な円」を描いたという点です。ここにある「完全な」の

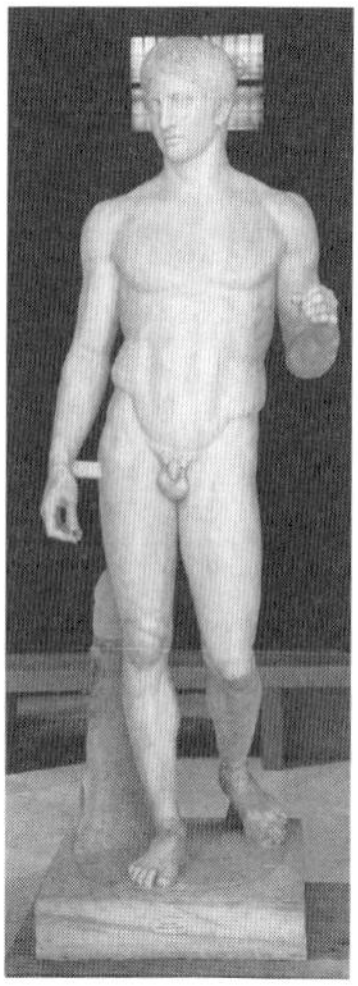

【図 7】 ポリュクレイトスの《槍を持つ人》ナポリ、国立考古学博物館

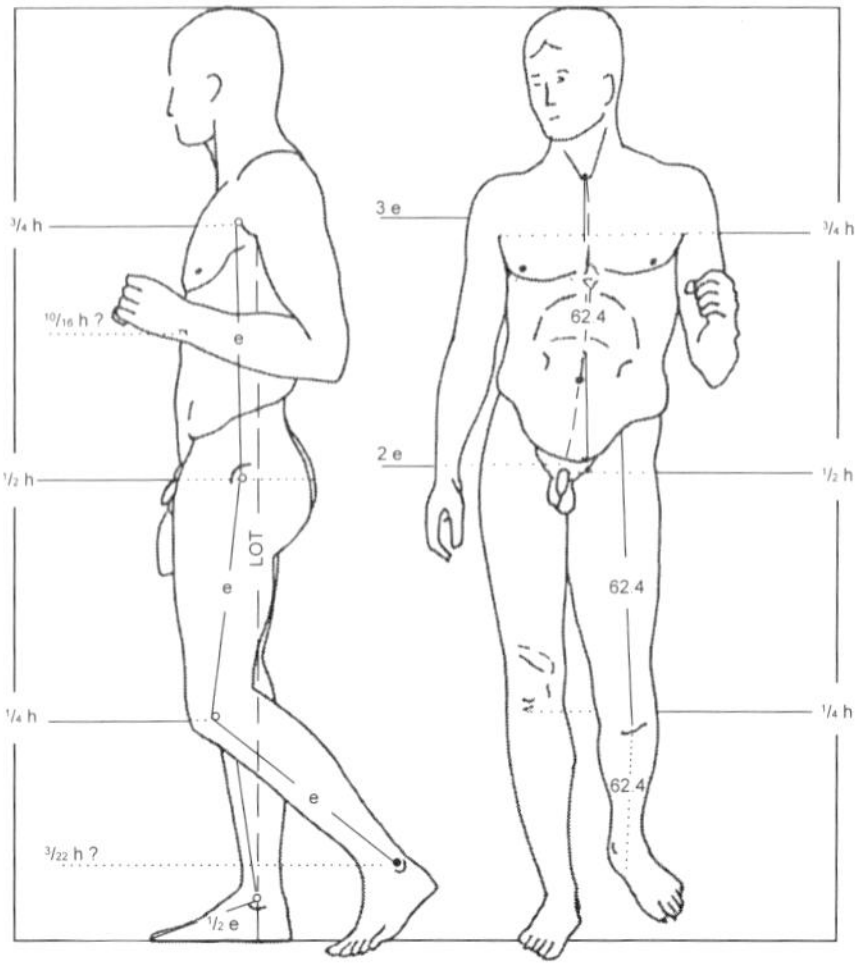

【図 8】 ポリュクレイトスの《槍を持つ人》の数学的構造

意味は、「幾何学的な」完全さと理解しなければなりません。コンパスを使わないで、コンパスを使ったかのような完全な円を描いたので、驚くべきことだったという意味です。

幾何学的な形は数字で測れ、数学的な比率、釣り合いのおかげで均衡、調和が生まれて美が造られるという考え方は、古代ギリシャの美学、ピタゴラス学派やプラトンなど、中世時代を通じてルネッサンス時代の美学までに影響を及ぼしました。ピタゴラス学派によれば、全ての「根源」は「数」にあり、宇宙の完璧な秩序は数学的な構造を持っていました。そのため、黄金比のような比率に基づいた調和や、均衡のモデル・モジュールに基づいて人間によって創造されたものが美しいとされました。例えば、ピタゴラス学派に近かった古代ギリシャのポリュクレイトスの作品を見てみましょう【図7、8】。ポリュクレイトスの作品が厳密に測られたモジュールにもとづいた構造をもっているということは、その「美」の「根源」は数字であるということです。ヴァザーリの「ジョットのO」の逸話の中にもこれと同じ、西洋の根本的な考え方がみられます。

(三)　西田における「ジョットの円形」

ここまで、ジョットとは誰か、ジョットの円形とは何かについて、イタリア人にとって重要な三つの点を明らかにし、さらにその背景にあるルネッサンスと西洋の古典的な美学についても、ヴァザーリの本をもとに説明いたしました。ここで話を西田幾多郎の『善の研究』に戻しましょう。『善の研究』は四つの部分に分けられています。第三編は『善』というタイトルを持ち、『善の研究』の中で西田の「倫理学」の考えを含む部分です。西田は様々な西洋と東洋の倫理の仮説を紹介し、批判してから、自分の倫理学を著すことを試みています。そして、その最後のところ、倫理学の話の締めくくりに、思いがけなくジョットの逸話が引用されています。西田は、私達が「真に主客合一の境に到る」ときに、「宗教道徳美術の極意」があらわれてくると述べます。

「基督教では之を再生といひ仏教では之を見性といふ。昔ローマ法皇ベネディクト十一世がジョットーに画家として腕を示すべき作を見せよといつてやつたら、ジョットーは唯一円形を描いて与えたといふ話がある。我々は道徳上においてこのジョットーの一円形を得ねばならぬ。」

（『善の研究』、一三四頁）

この言葉で第三編がおわりますが、イタリア人の読者にはおそらくピンと来ない締めくくりとなっていることでしょう。ここでは「ジョットのO」の逸話が、西田によって日本文化に「運ばれて」訳されたわけですが、非常に短い文となり、西洋人であるイタリア人にとって大事な部分は消えてしまいました。完全に消されてしまった点は、コンパスとか幾何学的に完全な円であるというところです。東洋的な思想が根柢にある西田哲学の中では、全く無視されたかのように見えます。「ひらめき」に関する部分もここでは消えているように見え、唯一残っているのは、ヴァザーリの強調する「さりげなさ」の点ではないでしょうか。この短い文の中でも、芸術家の「腕前」に関することがすこしは感じられるからです。この節の何頁か前に、西田は絵画に関してこのように書いています。

「自己の全力を尽しきり、殆ど自己の意識が無くなり、自己が自己を意識せざる所に、始めて真の人格の活動を見るのである。試に芸術の作品に就いて見よ。画家の真の人格即ちオリジナリティは如何なる場合に現はれるか。画家が意識の上に於いて種々企図をなす間は未だ真に画家の人格を見ることはできない。多年苦心の結果、技芸内に熟して意到り筆自ら随ふ所に至つて始めて之を見ることができるのである。道徳上に於ける人格の発現も之と異ならぬのである。」

（『善の研究』、一二四頁）

このような引用には、西田の芸術と道徳の関係に関する考え方が少し見られますが、ここで大事なのはカスティリオーネの画家の「さりげなさ」に似た考えが表されているところです。カスティリオーネも「手がひとりでに画家の意志に従」うことを強調しました。東洋から見ても西洋から見ても、画家の身振り、芸術家の体験には共通するものがあるのかもしれませんが、その意味と解釈は文化によって変わります。そのため、西田によって日本文化に運ばれてきた「ジョットのO」の意味合いも変わったのです。

ここまで考えてきましたが、まだもうひとつ、私には疑問が残っています。西田が思い描いていた円とはどのようなものだったのでしょうか。ヴァザーリのジョットは、「紙を一枚取り出すと、右腕を右脇にしっかりと固定して、それをコンパスの軸とし、赤に染まった筆を手先でぐるっとまわして〈……〉一点非の打ちどころのない完全な円」を描きました【図９】。西田の円とは何だったのでしょうか。西田は哲学者であるとともに、書や画も残しています。禅の修行も行なっていた彼の作品の中には、禅の「円相」もあります【図10】。西田による円相図を見てみると、角がなく、はじまりもおわりない円形がのびのびと書かれている様子が見てとれます。これらの円形には、ジョットの円形の逸話が含有する、美の要素のうちの二点目である「さりげなさ」が感じられます。禅のことばの中では「無心」、「自然（じねん）」、「遊戯（ゆうげ）」と言った語から、この「さりげなさ」（スプレッツァトゥーラ）に共通につながる美しさがあるであろうとも考えられます。ただし、西田の円はジョットの円で挙げた第三点目、「幾何学的な美」が消えているのに気づかされます。

【図 9】 赤い完全な円

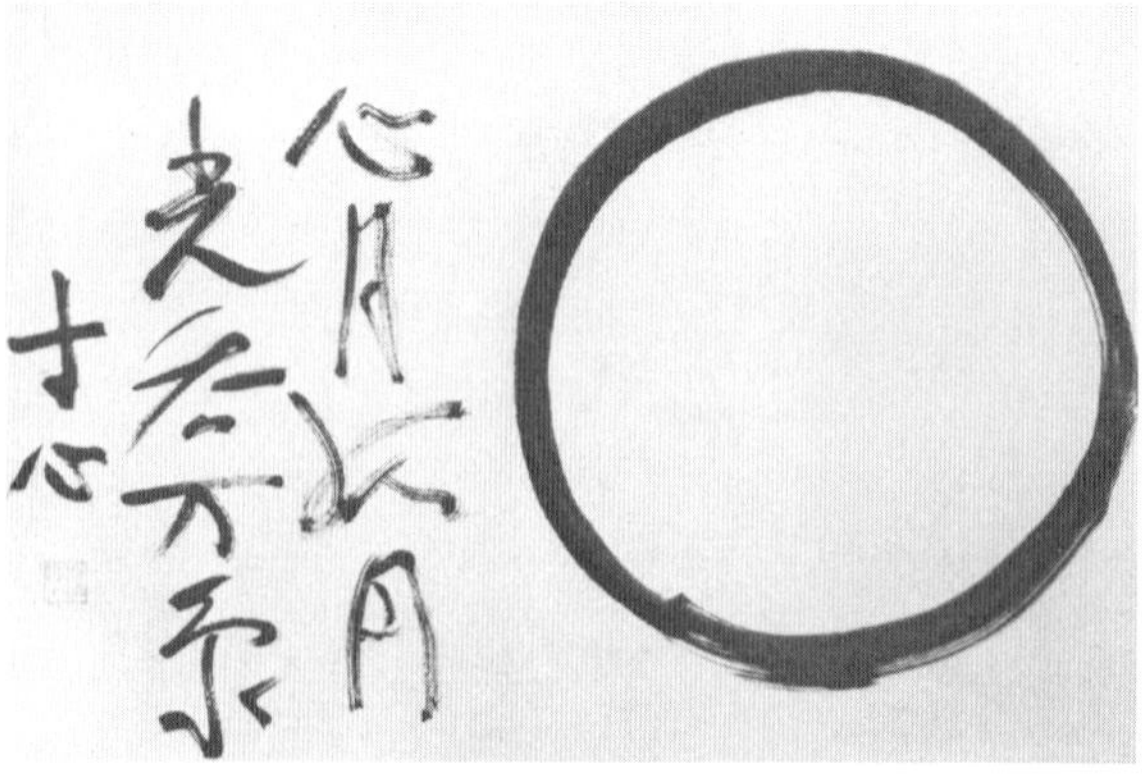

【図 10】 西田幾多郎による円相
（心月孤円光呑万象 寸心）

おわりに

西田がジョットの円形について引用しているときに、どのような円形が彼の頭の中にあったのか、もちろん私たちには推測することしかできません。東洋美術、東洋思想を研究しているイタリアの知り合いにもこのことについて聞いてみました。すると、彼らが西田のジョットを読んだときに、西田の頭の中には当然、禅の円相があったであろうという答えが返ってきました。私は実は、これにあまり賛同できません。西田の言うジョットの円は、円相ではないように思っています。よく知られていることですが、西田は書を書くときには、「西田幾多郎」という名前ではサインしませんでした。禅で用いる名の「寸心」を使いました。円相は寸心作ですが、『善の研究』のジョットの円のほうは、あくまでも哲学者西田幾多郎の思索から造られた思想の作品だったのではないかという気がします。しかし、それは一体なんなのでしょうか。

翻訳を行なうという作業においては、常にそういった言語の背景、その言語を用いて営まれてきた文化の背景につきあたり、比較し、考えるという工程が延々と続いていきます。翻訳とは、最初にも述べたように、Aという場所にあるものをBという場所に移動させるという単純な作業ではなく、その移動によってさまざまなものにつきあたり、新しいものの見方、考え方をもたらす行為です。つまり、翻訳とは常に「創造」的な行為であると言うことができます。

また、翻訳は自分と他者の関係に基づいてなされるため、自分と他者の「変容」を伴う、個人的な行為であると言うこともできます。簡単に言えば、西田がジョットを著書でとりあげ、翻訳したおかげで、新しいジョットができ、新しい円相もできたということです。円相であれば、その円相は少なくとも赤いインクで描かれたものになったはずであると、イタリアの読者たちには認めてもらいたいところです。

西田幾多郎自身も様々な海外の著作に触れ、自身の新しい哲学を生み出しました。さらに、西田の著作を海外のことばに翻訳して他の国の人々がそれを読むことで、また新しいものの見方が生まれていきます。言語のレベルでだけではなく、文化のレベルで翻訳を行なっていくことは、自分と様々な異文化との「間」のダイナミズムを感じることでもあるのです。

【注】

1　ヨーロッパにおいては、一つの言語が一つの国で話されているわけではなく、またある言語を使用する国の国境線も時代によって大きく変動してきたため、ここでは、第一言語（the first language, mother tongue）について、通常よく用いられる「母国語」ではなく、「母語」という用語を用いています。

【参考文献】

『広辞苑』（第四版）岩波書店、一九九五年
白川静『字統』（新装普及版）平凡社、二〇〇二年
マルティン・ハイデッガー『言葉への途上』（亀山健吉・Helmut Gross訳）創文社、一九六六年
西田幾多郎『西田幾多郎全集』（第一巻『善の研究』）岩波書店、二〇〇二―二〇〇九年
チェンニーノ・チェンニーニ『絵画術の書』（石原靖夫、望月一史、辻茂訳）岩波書店、二〇〇四年
ジョルジョ・ヴァザーリ『ルネサンス画人伝』（平川祐弘、小谷年司、田中英道訳）白水社、二〇〇九年
バルダッサーレ・カスティリオーネ『カスティリオーネ宮廷人』（東海大学古典叢書、清水純一、岩倉具忠、天野恵訳）東海大学出版会、一九八七年

【図版出典】

図1 http://sauvage27.blogspot.jp/2013/10/xiv-secolo-arte-gotica-xiv-century.html
図2 白川静『字統』（新装普及版）平凡社、二〇〇二年
図3 白川静『字統』（新装普及版）平凡社、二〇〇二年
図4 白川静『字統』（新装普及版）平凡社、二〇〇二年

図5　http://www.uffizi.org/it/opere/annunciazione-di-simone-martini-e-lippo-memmi/

図6　http://en.wikipedia.org/wiki/Minoan_pottery#mediaviewer/File：AMI_-_Oktopusvase.jpg　（Wolfgang Sauber - Own work）

図7　ポリュクレイトスの《槍を持つ人》　ナポリ、国立考古学博物館（芳賀京子撮映）

図8　フォン・シュトイベンによる《槍を持つ人》の分析　（H. von Steuben, *Der Kanon des Polyklet：Doryphoros und Amazone*, Tübingen, 1973）

図9　（筆者作成）

図10　『西田幾多郎遺墨集』燈影舎、一九八三年

信仰への二つのたくらみ
――「パスカルの賭け」をめぐって――

村山達也

5 信仰への二つのたくらみ

――「パスカルの賭け」をめぐって――

村山達也

はじめに　古典を読む意味

古典を読むことにはどんな意味があるのでしょうか。

ここでは「古典」という言葉をごく漠然とした意味で用いることにします。洋の東西を問わず、多少なりとも古い作品で、ある時代や文化、ジャンルを代表する傑作とみなされているもの、くらいの意味です。また、音楽や美術その他には話を広げないことにして、詩や小説、哲学書、歴史書など、文章で綴られたものに範囲を限定しておきましょう。その上で、先ほどの問いをもう一度、こんどはやや攻撃的に繰り返してみます。

古典なんかを読むことに、いったい何の意味があるというのでしょうか。

優れたものに触れることで教養を身につけ、人格を磨くのだ、といった答えがありうるでしょう。でも、「教養」とか「人格を磨く」といった表現はとても曖昧です。もっと明快に言い直さないかぎり、答えた本人も自分が何を言っているのか本当は分かっていないままに、相手の目を眩ませただけ、ということにもなりかねません。それに、こんなありがちで不明瞭な、そのくせ偉そうな回答は、それこそ、こう答える人自身に教養がないことの証拠に他なりません――というように、こういうぼんやりした表現は、相手を脅すだけに終わることもしばしばです。この答えはいったん無視することにしましょう。

読むことに意味があるかどうかは別として、古典は優れている、つまりは面白いではないか、という答えもありえます。そして確かに、読んですぐに面白いと思える古典がないわけではありません。とはいえ、古典だというから読んではみたけれど……という経験は、誰しも覚えがあるでしょう。面白さを求めるなら、現代の作品を手にするほうがはるかに手っ取り早いのです。だったら、わざわざ古典など読まなくてもよいのではないか。――こうして、「何の意味があるのか」という疑問が出てくることになります。

ただ、せっかくの古典ですから、もうちょっとこだわってみたいと思います。そこで、少し視点を変えるため、いったん次の問いを考えてみることにしましょう。ある古典は、なぜ、古典だということになったのでしょうか。そして、なぜ古典は一般につまらないのでしょうか。

一つめの問いへの答えは、古典について最初に述べたことから明らかです。古典は、ある時代や文化、ジャンルを代表する傑作だからこそ、古典なのです。そして、古典は「多少なりとも古い」ものであることをここにあわせて考えると、二つめの問いへの答えもおのずと出てきます。多くの古典は、長い時を経て生き残った代表的なものなのに、ではなくて、そうだからこそ、つまらないのです。

「多少なりとも古い」ということは、現代の私たちには多少なりとも疎遠だということでもあります。そして、「代表的である」ということは、私たちに疎遠な時代や文化やジャンルがもつ疎遠さ・異質さを、際立った仕方で示している、ということをときに意味します。つまり古典とは、往々にして、私たちとは異なる価値観や問題意識を最も色濃く反映させた作品のことなのです。そうであってみれば、どこが素晴らしいのか分からない、なんでそんな些細なことをさも重要そうに論じているのか理解できない、なぜその場面でそう感じ、そう行動するのか、見当もつかない……といった感想、一言で言えば「つまらない」という感想を私たちが抱いてしまうのも、仕方のないところがあります。

さて、以上のことを踏まえた上で、最初の問いに戻りましょう。古典を読むことには、はたしてどんな意味があるのでしょうか。

古典を読むことで、異質なものに出会うことができる。これが、私の最初の答えです。人間は世界のさまざまな地域で、さまざまな文化や宗教のもと、私たちとは異なるさまざまなことを考え、感じ、そのことをさまざまのかたちで表現してきました。そうした異質な思考や感性を、私たちは古典を通じて知ることができるのです。

ただし、異質なものがたくさんあると知っているだけでは、たんなる物知りに過ぎません。だから、この多様さが何を意味するのかについても考える必要があるでしょう。もちろん、実感をもって考えるためには、異質なものについての具体的な知識としっかりした理解が不可欠です。それでも、いま仮に想像してみると、一つの答えとして、「いま当たり前とされていることは、必ずしも当たり前ではない」というのがありそうです。世界には多様な、ときに奇妙な価値観が溢れていた（いる）こと、そして、いまの私たちの価値観もそのうちの一つ、もしかしたらとりわけ奇妙な一つに過ぎないこと。こうしたことに気づけるというのが、古典を読む一つの効用なのです。

なお、先ほどいったん無視した、「教養を身につける」とか「人格を磨く」といった答えは、このことと関係があるのかもしれません。多様な価値観を知っており、自分の価値観を絶対視していないというのは、立派な人物なら満たしていることが望ましい条件の一つをなしていそうだからです。しかし、勝手な詮索はこのくらいにしておきましょう。

さて、古典の効用はこれに尽きません。多様さを知るというだけのことであれば、いろんな文化圏における凡庸な作品を大量に読むのでもよいからです。しかし古典はあくまで「代表的な傑作」

です。このことは何を意味しているのでしょうか。

代表的な傑作は、それまでに書かれてきたことから多くを受け継ぎつつ（そうでなければ代表的とは言えません）、しかし新しい価値を創造して世に広め、多くの追随者を生み出します（そうでなければ傑作とは呼ばれません）。だとすると、ある古典を読むことは、それを古典として遇してきた文化の歴史を知ることに繋がっていきます。そして、誰かひとりの人を、さらには自分自身を相手にするときでも同じことですが、何かを深く理解する——例えば、価値観のつくりやそのなりたち、心情の微妙な曲折やその理由を的確に把握する——上で、その来歴・歴史を知ることはとても重要です。つまり古典は、ある文化を形成しその核をなしてきたものを提示することを通じて、その文化についてのより深い認識を与えることができるのです。大量の凡作を読むことでそうした認識を得ることもできるかもしれませんが、大変な労力が必要です。古典を読むほうがはるかに効率的でしょう。

それだけではありません。古典は、いま現にそれを傑作だと思う人がいるからこそ、古典たりえています。もちろん、どの作品を古典とみなすかは時代によって変化します。しかしどんな古典にも、多かれ少なかれ、書かれた時代や地域を越えて受け入れられるという側面があります。どうしてそのようなことが起こるのでしょうか。それはおそらく、その作品が、ある時代や文化、ジャンルを超えて、人間そのものを代表している——人間が普遍的に備えている思考や感性を生き生きと捉えており、人間がほとんど必然的に直面する状況や問題を鋭く掴んでおり、そうした場面で人間が本質的に示す偉大さや卑小さ、苦悩や喜びを、本来の複雑さそのままに描き出している――からです。人間のそうした姿は簡単に見て取れるものではなく、それを表現するのもまた簡単にできることではありません。

こうして古典は、人間とは何か、私たちとは何なのかを私たちに教えます。これは、最初のつまらなさを我慢し、価値観や道具立ての一見上の異質さを克服する努力を払ってでも教わる価値のあることだと私は思います。ある歴史的状況がもつ異質さの只中で、その具体的な状況においてしかありえないような仕方で、まさしく人間の本質が現れ出てくる。それを目にすることこそが、古典を読む意義であり、喜びなのです。もちろん、そんなことを味わい、喜ぶことに、いったい何の意味があるのか、とさらに問うことはできるでしょう。本当ならそこまで考察を進めるべきなのですが、いまはいったんここで結論としておきます。

ずいぶん前置きが長くなってしまいました。本稿の主題は「古典」ではなくて「信仰」です。一七世紀フランスの哲学者パスカルの『パンセ』の中にある、「パスカルの賭け」と呼ばれる議論を紹介することが、ここでの目的です。その議論は、乱暴に要約してしまえば、次のようなものです。「神が存在するかどうかは理性では分からない。だから、信仰はある意味でギャンブルだ。そして、少しでも理性を備えた人間なら、神は存在するというほうに賭けるはずである。」

これまで、古典はつまらない、と強調しすぎたかもしれません。この「パスカルの賭け」は例外的に、読んですぐに面白いと思うことができます。でもそれは、いまの要約からも分かるとおり、すぐに理解でき、賛成できるということではありません。パスカルの議論は、ある文化、ある考え方、ひいては、人間が普遍的にもつある傾向を、とても濃厚に、煮詰め（すぎ）たスープのように体現しています。これから、それを少しばかり味わってみましょう。

一　パスカルと『パンセ』

よく知られた人であり、作品ではありますが、まずは、パスカルの経歴と『パンセ』について簡単に確認しておきたいと思います。

(一)　パスカル

パスカル【図1】は、一六二三年にフランスの官僚（貴族）の家に生まれました。幼少期から父親にさまざまな教育を施され、まずは数学で才能を開花させます。最初に数学論文を公表したのは一六歳のときで、そこで証明された定理は「パスカルの定理」として知られています。また、確率

【図1】 ブレーズ・パスカル（1623-1662）

の問題をめぐって数学者のフェルマと行なった議論は、現代の確率論の先駆けとなりました。その成果をまとめた論文に出てくる数字配列法は、今日では「パスカルの三角形」【図2】と呼ばれています。なお、確率について集中的に考えたのは、ギャンブルの賭け金の配分法について友人から質問されたのがきっかけだったそうです。

数学だけではありません。ある時期には、真空の存在に関する実験を盛んに行なっていました。そこから発展した成果をまとめた論文は、前半では流体力学を論じており、そこで登場する原理は「パスカルの原理」と名づけられています。また、後半では空気の重さを論じており、いま私たちがパスカルの名前を最もよく耳にするのは、実はこれに関係しています。天気予報でお馴染みの、気圧の単位「ヘクトパスカル」です（ちなみに、「ヘクト」のほうは元はギリシャ語で、一〇〇という意味です）。

こうして生前の彼は、哲学者・思想家ではなく、数学者・科学者として知られていました。他にも、役所での父の仕事を助けるために税金用の計算機【図3】を発明したとか、歯痛を紛らすために数学の問題に取り組んだらその成果が微積分学を先取りした内容になっていたとか、パリで最初

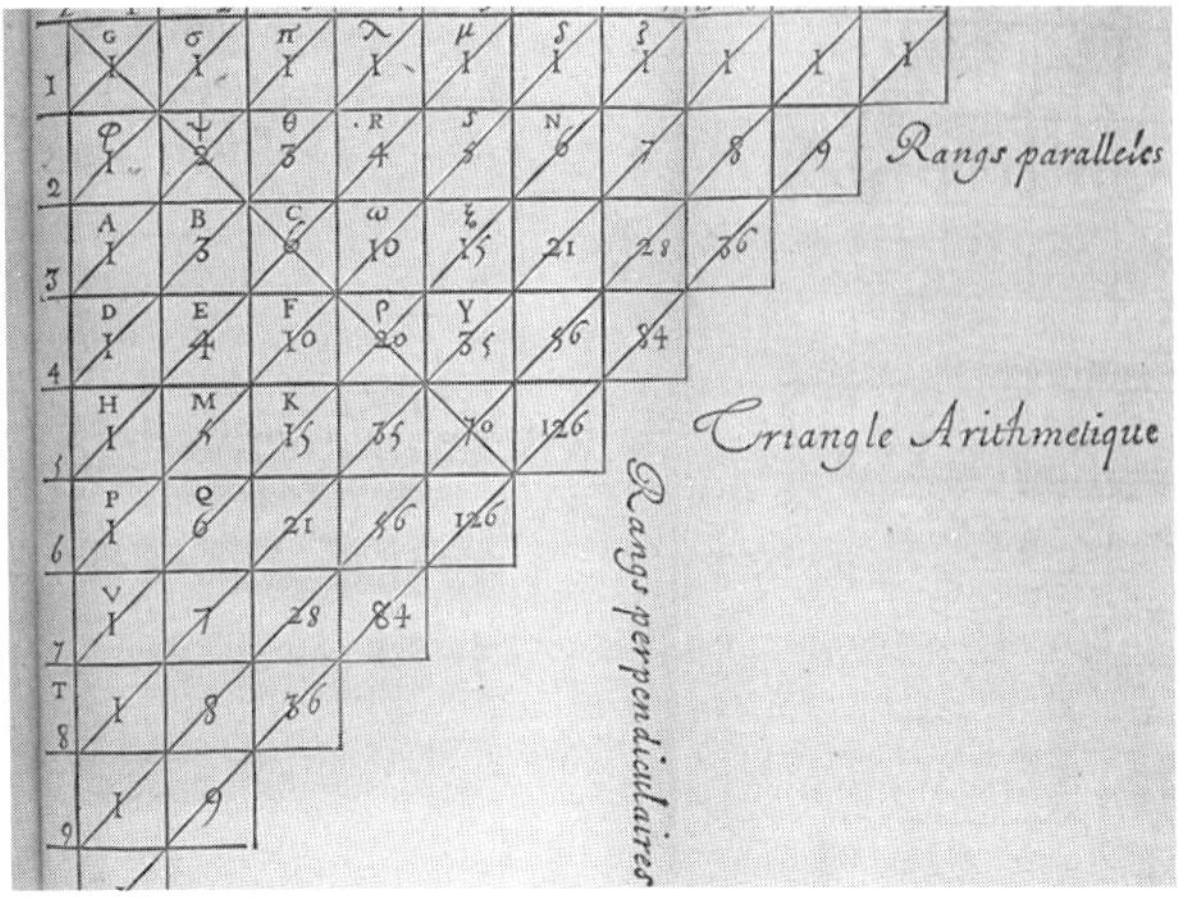

【図 2】 パスカルの三角形

【図 3】 パスカルが考案した計算機（パスカリーヌ）

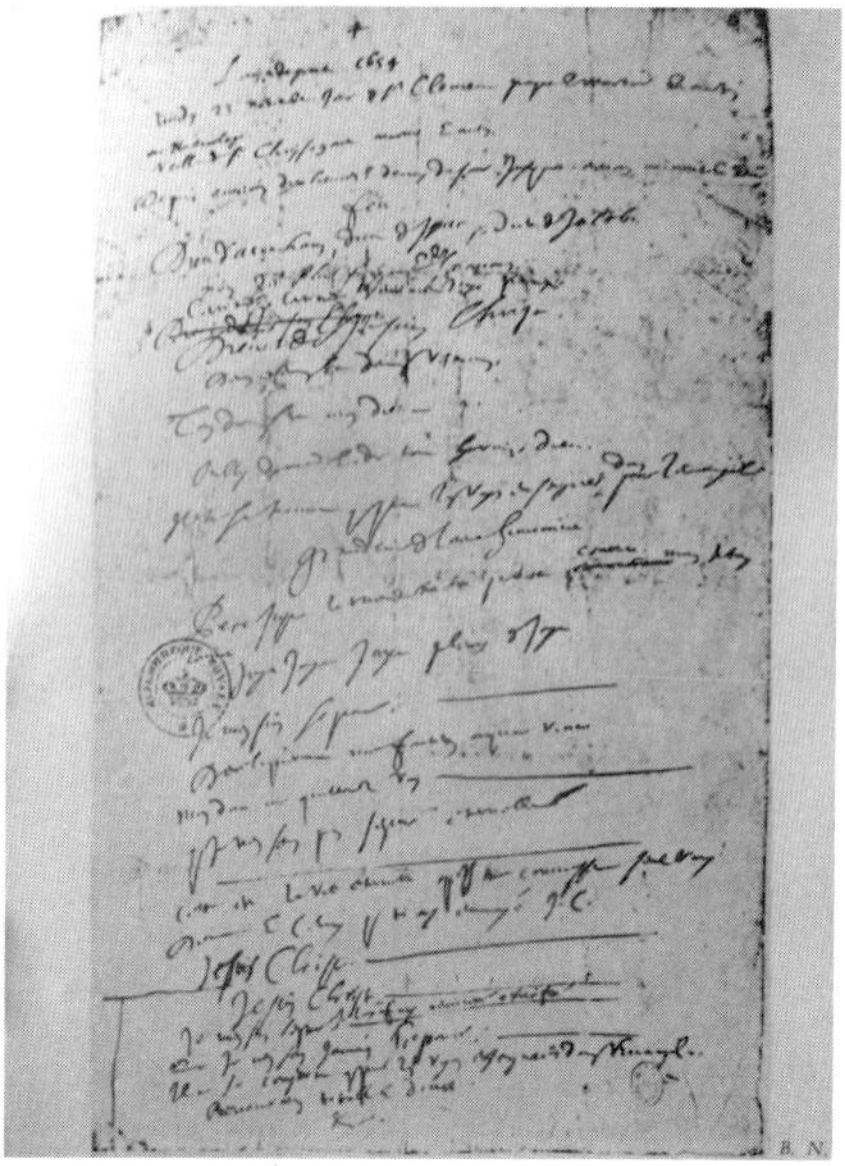

【図4】『メモリアル』

の乗合馬車の会社を設立したとか、世俗的活動に関してその才能を示す逸話には事欠きません。しかしそろそろ、宗教関係のことに話を移しましょう。

一七世紀のフランス人ですからある意味では当然ですが、パスカルは生涯を通じて敬虔なキリスト教徒でした。ただし彼の場合、生まれた土地の宗教をたんに惰性的に受け入れていただけではありません。時期によって差はあるものの、とりわけ二二、三歳の頃からは、信仰へのかなりはっきりした関心・情熱を終生にわたってもちつづけました。三一歳のある夜には何やら神秘的な体験をしたらしく、これはとりわけ決定的だったようです。この体験の記念に書いたメモ【図4】を彼は衣服に縫い込み、肌身離さず身につけていました。その内容は『メモリアル（覚え書き）』という小編として伝えられています。なお、一六世紀になってフランスに本格的に到来したルネサンスの影響もあって、パスカルの当時から、宗教に無関心な人や懐疑的な人、さらには無神論者も存在していました。パスカルもそうした人びとと親交をもっており、それがのちに『パンセ』に繋がっていきます。

その後、三二歳から三三歳にかけて、ポール＝ロワイヤル修道院の仲間として神学論争に参加し、書簡体の論争パンフレットを匿名で執筆します。『プロヴァンシアル（田舎の友への手紙）』という書物にまとめられたその文書は、皮肉で巧みな論争家としての彼の能力をあますところなく示しています。ちなみに、彼の姪はかねてからひどい眼病を患っていたのですが、この論争の最中に、イエスの遺品と称するものに触れることでその病気が快癒するという事件が起きました。神秘体験によって熱烈な信仰に導かれ、身近で生じた奇跡によってその支えを与えられたというのは、あとでお話しする、信仰と理性の関係をめぐる彼の態度を考える上で、とても示唆的です。

三〇歳代の最後の頃には、健康をひどく害したという事情もあって、もっぱら信仰と慈善事業に打ち込みました。先ほど触れた馬車の事業は、この慈善事業の資金集めのためのものです。そして一六六二年、三九歳で、その生涯を終えました。

（二）『パンセ』

パスカルは生前、キリスト教護教論を著す計画をもっていました。護教論とは、読んで字のごとく、教えを護るための議論、異教徒や無神論者に対してキリスト教の正当性を立証するための議論

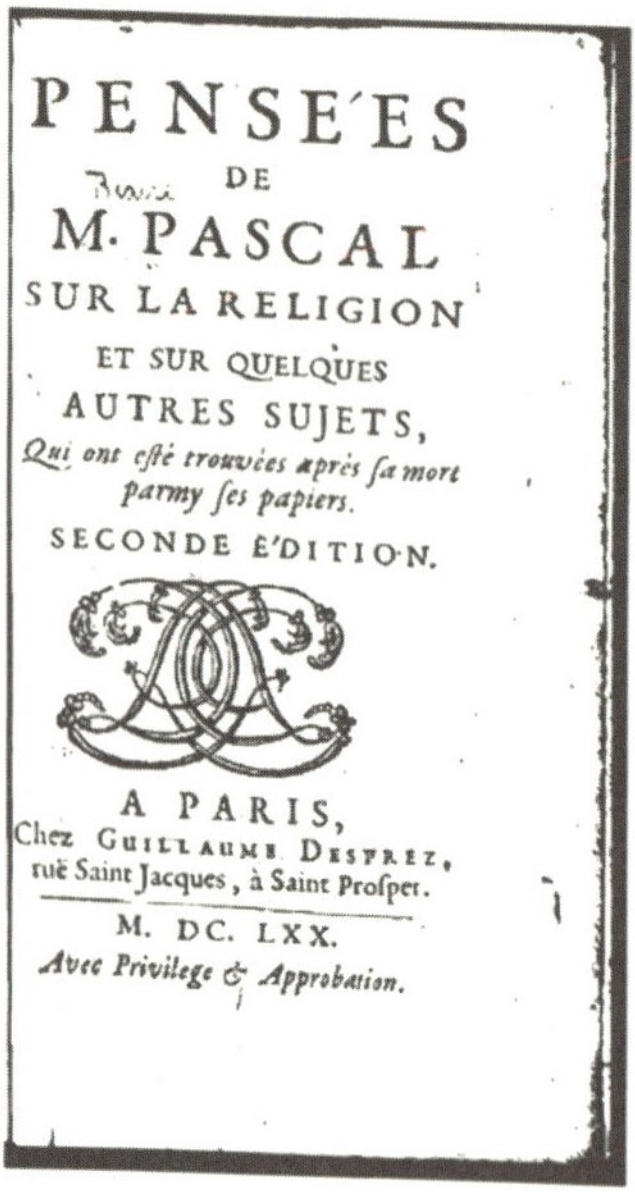

図5　『パンセ』初版と同年に出た第二版

のことです。結局その著作は完成せずに終わったのですが、膨大な草稿の紙束が死後に発見され、友人たちによって編集・出版されます。それがいわゆる『パンセ（さまざまな考え・断想）』【図5】です。

ちなみに、パスカルの護教論については、その性格をよく表すこんな話があります。

パスカルの数学・科学上の業績のいくつかは生前には公刊されませんでした。業績を公表することにつきまとう自己愛・自己顕示欲がキリスト教徒にはふさわしくないと考えたから、などと言われています。ところが、ある数学の問題については、自分で解いたあとに懸賞つき問題として公表します。いわば、他の数学者への挑戦状です。どうやら周りにそのかされてのことらしく、偽名を使ってもいるのですが、この振る舞いは、自己顕示を避けようとする先ほどの態度と矛盾するようには思われないでしょうか。

これについては、実は護教論の宣伝を意図していたのではないか、という説があります。パスカルは、護教論の中で、信仰の教えの前では理性は無力であり、理性は信仰に服従すべきだ、と主張するつもりでした。そう訴えるその人が、誰よりも強力な理性を備えた大数学者だと判明したら、その主張の説得力も増すだろうというわけです。

ただ、私は思うのですが、あることについては目の覚めるように頭のよい人が、他のことについては――とりわけ、宗教のように、その人の生き方や願望が問題となるときには――目が点になるような馬鹿げたことをするというのは、ごくありふれたことではないでしょうか。パスカル自身も言っています。「ある人びとは、ある種の事柄については正しく判断するが、他の事柄については滅茶苦茶である。」(『パンセ』断章二)宣伝という説が正しいのだとしたら、宣伝になると考えた人たちはそのことが分かっていなかった(あるいは、ある程度ものの分かった人であればその程度のことは分かっているということが分かっていなかった)のでしょう。それとも、分かってはいたけれど、騙される人がいて宣伝になり、護教に役立てば、それでよいではないか、と考えたのかもしれません。それはそれでありそうなことです。

さて、このように、『パンセ』は基本的には宗教書です。ほとんど隅から隅まで護教論の精神に貫かれており、どのページからも、むせかえるようなキリスト教の匂いが立ち昇ってきます。とはいえ、古典の異質さに触れるという観点からは邪道かもしれませんが、キリスト教から切り離して楽しめる箇所もたくさんあります。フランスの人間探求者《モラリスト》の系譜の中でも一級品に属する鋭利な観察が、至るところで光っています。

有名な警句もたくさんあります。「クレオパトラの鼻。もしそれがもっと短かったら、地表のすべてもまた別のようであっただろう。」（断章一六二）「人間の不幸はすべて、部屋の中でじっとしていられないというただ一つのことに由来する。」（断章一三九）私が今回読み返して面白く感じたのは、例えば次のものです。

警句をよく吐く人、悪い性格。（断章四六）

なぜ、警句をよく吐く人は性格が悪いのか。そもそもここで「悪い」とはどういう意味なのか……。いろいろと考えさせられます。ちなみに、「警句」と訳したフランス語は「気の利いた／皮肉な言葉」とも訳せますが、直訳すると「よい言葉」で、「悪い性格」と対になっています。まさにこの言い回し自体が、ちょっと気が利いているわけです。

とはいえ、最もよく知られているのはやはり「考える葦」でしょう。ただ、この言葉を含む断章全体は意外と読まれていません。せっかくですから、ここで引用しておきましょう。

人間はひとくきの葦、自然の中で最も弱いものに過ぎない。だが、それは考える葦である。

人間を押しつぶすには、宇宙全体が武器を取る必要はない。一吹きの蒸気、一滴の水さえあれば、人間を殺すには十分である。だが、宇宙が人間を押しつぶしたとしても、人間は自分を殺すものよりもはるかに高貴であろう。なぜなら人間は、自分が死ぬということを知っており、宇宙が自分に対してもつ優位を知っているからである。宇宙はそんなことは何も知らない。

だから、私たちの尊厳のすべては考えるということのうちにある。私たちが依って立つべきはそこなのであって、空間や時間ではない。空間や時間を満たすことなど私たちにはできないのだ。だから、よく考えるように努めよう。そこに道徳の原理がある。（断章三四七）

人間の尊厳は生まれや財産ではなく思考にこそあると述べるこの文章は確かに名作で、ここには近代的な人権思想の萌芽すら見て取ることができます（パスカルの政治思想そのものは民主的な考えとは無縁でしたが、他にも、『大貴族の身分についての講話』という小編からは、信仰があるからこそ辿りつける平等思想、「神の前では庶民も王侯貴族も等しい」という平等思想を感じ取ることができます）。「考える葦」という比喩も卓抜です。でも私は、この断章を読むと、ベートーヴェンの「エリーゼのために」や、ドビュッシーの「亜麻色の髪の乙女」を思い出してしまいます。誰もが知っているほど有名になるだけのことはあって、少なくとも一見したところ、誰でも受け入れられそうなこと、あえて言えば、つまらないことしか書かれていないのです（ついでにつけ加えておけば、考えるのが苦手な人や、人間以外の動物などの尊厳はどうなるのか、ということが、私は少し気になります）。それよりは、もっとキリスト教のえぐみが感じられたほうが、受け入れにくいけど、パスカルらしい。というわけで、そろそろ「パスカルの賭け」に移りましょう。

二　パスカルの賭け

「パスカルの賭け」は、『パンセ』の断章二三三に登場する議論です。断章全体でも日本語の文庫版で八ページくらいで、議論の核心部分だけであれば三ページ程度に収まるでしょう。二人の人物の対話篇のかたちで書かれており、登場するのは、パスカルの代理ともみなせる護教論者と、理性だけに信頼を寄せる無神論者――あるいは、神が存在するかしないかは理性では分からないと考える不可知論者――です。

議論の骨子は既にお話ししたとおりです。「神は存在するか」は理性では決められないが、「神は存在すると信じたほうがよいか」なら決められる。もちろん、信じたほうがよいのである。――この「信じたほうがよい」ということを証明するのが「パスカルの賭け」です。キリスト教の擁護と説得を目指す護教論の中心課題を、まさに正面から扱っているわけです。

意味がはっきりしない言葉もたまに出てきますが、議論はあくまで理性的に進みます。この結論をとにかく信じろ、みたいなことはありません。それに、核となる部分はきわめて単純です。以下では、三段階に分けて議論を追っていくことにしましょう。

（一）「信仰は賭けである」

まずは護教論者の台詞です。

神が存在するとしたら、神は無限に不可解である。〔…〕だから、神がいるかどうかを知ることは私たちにはできない〔…〕。そこで、「神はいるか、いないかだ」と言おう。だが、どちらを選べばよいのだろうか。ここでは理性は何も決定できない。ここには、私たちを隔てる無限の混沌がある。この無限の距離の一方の端で賭けがなされ、表か裏が出るのだ。

何やら大仰な言葉がやたらと連呼されていますが（雰囲気をお伝えするために引用しましたが、これ以降はできるだけ省略します）、ポイントは単純です。「神がいるかいないかは理性では分からないから、いると思うか、いないと思うかは、賭けだ」。要するにこれだけのことで、議論の確認としてはこれで十分なのですが、ここで問題となっている、信仰と理性との関係について、いくつか背景を補足しておきたいと思います。

キリスト教の歴史において、理性と信仰、ないし「知る」ことと「信じる」ことの関係がたびたび問われてきました。新約聖書ではさまざまな奇跡が語られます（マリアは処女なのに身籠った、イエスは触れるだけで病気を治し、死後に復活した……）。他にも、キリスト教の教義には、三位一体（神と子と聖霊は別のものだが同じものだ）とか、礼拝のときにパンがキリストの肉に変化するとか、馬鹿げているとしか言いようのないことが数多く含まれています。これらをどう受け止めるべきか、という問題です。

根拠がなく、理性に反していても、事実として受け入れる、それが「信仰する」ことだ、と主張する人たちが一方にはいます。紀元二〜三世紀に活躍したテルトゥリアヌスなどは、「不合理ゆえに私は信じる」という言葉を残しています。

しかしもちろん、他方には、それらを理性によってきちんと説明していこうとする人たちもいました。そして、信仰に関することを理性によって説明しようというこの傾向の、一つの顕著な現れが、「神の存在証明」です。誰もが受け入れる前提から出発して、誰もが受け入れざるをえない議論によって、神の存在を証明しようという試みです。一般的なものを二つ紹介しておきましょう。

「世界の第一原因としての神」の存在証明

一　すべてのものは何らかの原因からの結果である。言い換えれば、存在しはじめるために、他の何かを必要とする。

二 原因－結果というこの系列をどこまでも遡ることはできない。いちばん最初の原因が存在しなければ、この系列がそもそも始まることができないからである。

三 それゆえ、いちばん最初の原因（＝神）が存在する。これは、存在するのに他の何かを必要としないという、きわめて特別なあり方をしたものである。

「世界の設計者としての神」の存在証明

一 人体や生態系、星の運動などを含め、全自然は、人間が作った機械とは比べものにならないほど精巧な、驚嘆すべき秩序を備えている。

二 このような秩序は、設計者がいると考えなければ説明できない。

三 それゆえ、全自然の秩序の設計者（＝神）が存在する。

パスカルにはこうした試みがどうしても容認できませんでした。パスカルより四半世紀ほど前に生まれたデカルトは、主著『省察』の中で、神の存在を三とおりの仕方で証明していますが、そのデカルトについてパスカルは「許せない」（断章七七）とか「無益にして不確実」（断章七八）と批判しています。もちろんパスカルも、世界の第一原因にして設計者としての神を、言い換えれば、天地創造という教義を信じてはいます。しかし、創造者がいると考えざるをえないから創造者としての神を信じるといった信仰のあり方には、彼はあくまで反対するのです。では、どのような信仰ならよいのか。それは、救い主キリストを通じて知られる「愛と慰めの神」への信仰です。

私たちはイエス・キリストによってのみ神を知る。〔…〕イエス・キリストなしに神を知るとか証明すると主張した人びとはみな、無力な証拠しかもっていなかった。（断章五四七）

数の比例は〔…〕神に依存した永遠の真理である、と誰かが説得されたからといって、その人が自分の救済に向けて大いに前進したとは私は思わないだろう。〔…〕キリスト教徒の神は、愛と慰めの神なのである。（断章五五六）

なぜパスカルは理性による証明を拒絶したのか。また、イエス・キリストによって神を知るとはどういうことか。これらについては後述します。パスカルにとって、神とは知るものではなく信じるもの、あくまで救済のためのものだったということだけ、ここでは押さえておきましょう。

(二)「賭けなくてはならない」

さて、こうして見てくると、不可知論者とパスカルは意外にもある一点で意見を同じくしているということが分かります。すなわち、賭けの議論の冒頭で宣言された、「神がいるかどうかは理性では分からない」という点です。ほとんど唯一の一致点だからこそ、議論の出発点として選ばれたのかもしれません。

しかし、この同じ前提から出発して、パスカルは「でも信仰すべきだ」と言い、不可知論者は「だから信仰すべきでない」と言います。注意すべきですが、不可知論者は「だから神はいない」とは主張しません。いるかいないか分からないなら、いるともいないとも決めないのが正しいのだ、というわけです。だからパスカルとしては、まずは「いるかいないか決めないといけない」ということを不可知論者に納得してもらう必要があります。せめてその土俵には乗ってもらわないと、議論が続けられないからです。それが、次に引用する「パスカルの賭け」の第二段階が果たすべき課題になります。

表を選んだ者も、裏を選んだ者も〔…〕どちらも誤っている。正しいのは、賭けなど一切しないことだ。――そうか。だが、賭けなくてはならない。〔…〕あなたはもう船に乗ってしまっているのだ。

前半は不可知論者の台詞で、内容はすでに説明したとおりです。信仰するかしないかなどという賭けにはそもそも参加しないのが正しいのだ。不可知論者はそう言います。

しかし護教論者は答えます。「だが、賭けなくてはならない」と。このあとも、「選ばなくてはならない」とか「勝負を余儀なくされている」など、都合八回も繰り返すのですが、肝心のその理由についてはまったく書かれていません（だからこそ八回も繰り返したのかもしれません。目的は説得、折伏ですから）。とはいえ、このあとの議論も踏まえた上で、引用の中にあった、「もう船に乗ってしまっている」という言葉について考えてみると、おおよそ次のようなことではないかと推測できます。

このあと、議論の第三段階では、信仰するかしないかが死後の生にどのような違いを生み出すかが焦点になります。神を信仰していれば死後に天国に行ける可能性があるが、信仰していなかったらその可能性がないではないか、というように。なお、パスカルは死後の生や天国の存在を前提しているわけではないのでご安心ください。あくまで、死後に天国に行ける「可能性」があるかないかという話です。

そしてこの問題設定からすれば、不可知論者と無神論者にはそれほど違いがないとみなすことができます。選択肢が、信仰しているか、いないかの二つしかないのだとすれば、不可知論者でいること、つまり、賭けに参加しないことは、結局のところ「信仰してはいない」のだから、「神はいない」に賭けるのと同じ結果をもたらすことになるからです。

不可知論者だけではありません。不可知論は宗教に対するそれなりにはっきりした態度の取り方ですが、他にも、たんに宗教には無関心なだけ、という生き方もまたあるでしょう。これだって、信仰してはいないという意味では、信仰をめぐる賭けに参加する一つのあり方です（こういう、どこまでも絡みついてこようとするところが、いかにも護教論です）。こう考えると、私たちは——少なくとも、信仰に対する態度を自分で決められない子供でないかぎりは——誰もがもう船に乗っています。救いを約束する宗教が存在すると知っている、ただそれだけで、私たちは賭けに参加していることになるのです。

(三)「神はいるというほうに賭けるべきだ」

では、その賭けは具体的にはどのようなものなのでしょうか。また、賭けである以上、私たちは、勝とう、儲けようというたくらみ——信仰へのたくらみ——を抱くわけですが、この賭けではどのようにすれば儲けることができるのでしょうか。

実は、対話が進むにつれて賭けの倍率や配当金は細かく変動し、それにあわせて、「神が存在する」を選ぶべき理由も変化します。それらを逐一追っていくのも面白いのですが、ここでは、核心となる最後の部分だけ確認することにしましょう。

〔神が存在するというほうに賭けて勝ったときの〕儲けは、無限に幸福な無限の生命であり、儲かるケースも一つは存在する。それに対して、損するケースの数は有限であり、あなたが賭けるのも有限なものである。〔…〕無限があるときはいつでも、そして、儲けるケース一つに対して損するケースが無限にあるというのでなければ、迷うことなど何もない。すべてを差し出さなくてはならないのだ。

意思決定理論の史上初の試みとも称される箇所です。パスカルがフェルマと創始した確率論——そういえば、あれもギャンブルがきっかけでした——を用いると、「無限」が出てくることの面白さがはっきり見えてくるのですが、説明がかなり込み入ってしまいます。ここでは、少し簡略化して、『パンセ』の他の箇所での話も使って補いながら、宝くじとして考えることにしましょう。

ある年齢になったら（＝信仰するか否かを自分で判断できるようになったら）券をもたなくてはいけない宝くじがあるとします。券は「神あり」と「神なし」の二種類しかないのですが、券を取り換える（＝回心して信仰したり、信仰を失ったりする）ことはいつでもできます。また、どちらの券にも当たりになる可能性はあります。

この宝くじ券はなんと無料で、券の取り換えも無料でできるのですが、一つだけルールがあります。「神あり」の券をもっているあいだだけは、快楽や名誉を諦めなくてはならないのです。でも、私たちもよく知るところですが、「神なし」の券を手にしてそういうものを追い求めたところで、大したものは得られませんし、欲求不満や後悔、空しさにつきまとわれることにもなります。他方で、「神あり」の券を手にしてそういう欲望と縁を切ると、謙虚で、親切で、感謝することを知った、心穏やかな人間になることができます。

ところで、景品は何なのでしょうか。「神あり」が当たりだった（神が存在した）場合、「神あり」の券をもっている人は天国に行けますが、「神なし」のほうの人は、何ももらえないか、場合によっては悲惨な地獄が待っています。そして、「神なし」が当たりだった（神は存在しなかった）場合は、どちらの券をもっていても、死後には何も得られません。そもそも、死後の世界がないからです。

それでは、整理しましょう。

「神あり」をもっていた場合

生前は、ある種の欲望は我慢しないといけないが、心に落ち着きのある生活。

死後は、当たりなら天国で、はずれなら何もなし。

「神なし」をもっていた場合

生前は、好きなように欲望を追い求めてよいが、空しさにつきまとわれる生活。

死後は、当たっても何もなしで、はずれなら、何もなしか、地獄。

こうなると、どちらを選ぶべきかは火を見るより明らかではないでしょうか。これだとあまりに不公平だというなら、「神あり」の当選確率はきわめて低いということにしても構いません。それでも、「神あり」をもっていれば（＝信仰していれば）、当たりでもはずれでもそれなりに得るものがあります。うまくいけば天国行きです。他方で、「神なし」をもっていた場合は（＝信仰していなければ）、当たりでもはずれでも、ほぼ何も得られません。せいぜい、わずかに快楽を味わえる程度のことで、ともすると地獄落ちです。儲けようというたくらみを胸に、この二つの選択肢を前にして、「神なし」を選ぶ、すなわち、信仰しないほうを選ぶなどというのは、「理性を捨てなければできないことである」――そうパスカルは言って、賭けの議論を締めくくります。

三　賭けにいかさまはないか

議論が終わったとき、護教論者はこう宣言します。「私たちの主張には無限の力がある〔…〕。人間が何かしらの真理を獲得できるとしたら、これこそがまさにそれである。」とはいえ、そう簡単には納得できない部分も残ります。実際、一六七〇年に『パンセ』が出版されて以来、この議論は批判と擁護の嵐を巻き起こしつづけており、三五〇年近く経ったいまでも（！）それは続いています。私たちも、大きく二つの観点から、「パスカルの賭け」を検討してみましょう。

（一）「パスカルの賭け」は議論として正しいか

まずは、「賭ける」ということそれ自体が理性に反しているのではないか、という批判がありうるでしょう。「賭ける」というのは、「確実という保証はないが、一か八かやってみる」ことです。賭けは、賭けである以上、あくまで「理由なしに、一か八か」なのです。すると、「神は存在する」に賭けるのが理性的なことだと言われてはいましたが、実は、この「賭ける」という行為そのものが理性に反していることになります。「神あり」の券は無料だとされていたのに、実際には、「理性に反したことをする」というものすごく高い値段を払わされていたわけです。そんな話には乗ることはできない。――こうした批判です。

これには、パスカル自身が答えています。

不確実なもの、例えば航海や戦争のために、どれだけ多くのことを人はしていることか！（断章二三四）

身近な例に置き換えて考えてみましょう。掛け捨ての保険というのがあります。事故に遭ったり病気になったりすれば、払った以上のお金が支払われますが、何もなければお金は戻ってきません。そして、保険に入る時点では、どちらになるかは分かりません。では、掛け捨ての保険に入るのは、理性に反することなのでしょうか。また例えば、明日は絶対に寝坊してはいけないからと、二つめの目覚まし時計を買うのは、理性に反することなのでしょうか。このように、私たちだって普段から、不確実なもののために何かしらの犠牲を払っているではないか。――これがパスカルの回答です。

ただし、これでパスカルが自説を擁護できているかどうかは微妙なところです。さっきの例なら理性的と言えますが、さらに進んで、朝のゴミ出しに遅れないために一〇〇万円で人を雇ったら、理性に反していると言って過言ではないでしょう。ましてや、人生で得られるかもしれない快楽をすべて犠牲にするなんて……。どの程度の確率で得られる、いつの、どの程度の利益のために、どの程度の犠牲を払うのかによって、その犠牲が理性的と言えるかどうかは変わってくるのです。

これらのうち、神がどの程度の確率で存在するのかは措くとしても、「どの程度の犠牲」ということについては、「快楽や名誉を求めても欲求不満や後悔に終わる」というのがどの程度に確かなことなのかが問われなくてはなりません。また、「どの程度の利益」ということについては、天国で得られる「無限に幸福な無限の生命」なるものの具体的な中身が明らかにされなくてはなりませんが、この表現は、控えめに言っても、意味がよく分かりません。いまのままでは、ぼんやりとした表現による脅しでしかないでしょう。パスカルに倣って、「こういう大袈裟な表現を私は憎む」（『幾何学的精神について』）と言っておきたいと思います。

要するに、少なくとも現状のままでは、パスカルの議論は成功しているとは言えません。明確にしなくてはいけないところが、まだたくさん残っているのです。

そして、もしそうしたことが明確になったとしても、なお問題は残ります。

思い返してみると、賭けの議論に登場する神は、特に「キリスト教の神」とは言われていませんでした。ここを鋭く突いたのが、一八世紀フランスの啓蒙主義者ディドロ【図6】です。

> イスラム教の導師でも、パスカルと同じことが言える。(『哲学断想・追補』)

【図6】 ドゥニ・ディドロ (1713–1784)

浄土真宗の僧侶でも大丈夫です。もし仮に、「神を信じたほうがよい」ということが賭けの議論によって示されているのだとしても、その「神」がキリスト教の神である必要はなく、阿弥陀如来でもよいのです(これは神ではなくて仏ですが)。だとしたら、証明できたのはせいぜい、「何かしらの宗教を信じておいたほうがよい」ということでしかありません。すると、パスカルの目論見は失敗してしまっていることにならないでしょうか。彼が目指していたのは、あくまで、キリスト教の護教だったのですから。

もちろん、「パスカルの賭け」は『パンセ』のほんの一部でしかありません。別の箇所では、他の宗教よりもキリスト教を信じたほうがよい理由、キリスト教が真理である理由が、きちんと語られてはいます。ただ、その主要な一つは、こういうものです。

セムはレメクに会ったことがあり、レメクはアダムに、アダムはヤコブに、ヤコブはモーゼに会った人びとに会ったことがある。だから洪水と天地創造は事実である。このことは、しっかり理解した人にとっては異論の余地がない。（断章六二五）

イエス・キリストは奇跡を行なった。〔…〕こうして預言が成就し、そのことによって、救い主は決定的に証明されたのである。（断章六一六）

ここでなされているのは次のような論証です。第一に、会ったことがある人に会ったことがある人に……という繋がりに切れ目はないから、天地創造以来の出来事についての伝承は正しい。そして第二に、その伝承のうち、救い主について預言されたことをイエスは実現した。こうして、イエスが真の救い主であること、神と私たちとを仲介する者であることが分かる。――賭けの第一段階のところでお話しした、「イエス・キリストによって神を知る」とは、一つにはこういうことだったのです。しかし伝言などいくらでも間違うことはありますし、その過程で作り話が混じることだってあるでしょう。なぜ、聖書にかぎってはそういうことはないと言えるのでしょうか。「イエス・キリストの奇跡は真実で、アスクレピオスやティアナのアポロニオスやムハンマドの奇跡はインチキだというのはなぜか？」とディドロも言っています（『哲学断想・追補』）。そもそも、新約聖書は旧約聖書の文書よりのちに書かれているのですから、当然、あたかも旧約聖書での預言が実現したかのようにイエスの活動を粉飾して伝えているはずです。

パスカルほどの人が、キリスト教のことになると、こんなに拙劣な、目が点になるような馬鹿げた論証をしてしまう。私はちょっと唖然とします。パスカルが他の人への批判として述べた言葉を、そのまま彼に返しておきましょう。「人びとが古代に対して抱く敬意は、今日、あまりにはなはだしく、〔…〕意味不明なことを秘儀とみなしてしまうほどである。」（『真空論序言』）実のところ、時代的制約のことを考えれば、パスカルがこうした論証を試みたのも理解できなくはありません。ただ、相手がパスカルほどの人ですから、私としては、どうしても厳しく批判したくなってしまいます。

ともあれ、まとめておきましょう。仮に賭けの議論が正しかったとしても、キリスト教の正当性まではパスカルは証明できていません。彼が証明できたのは、せいぜい、「何かしらの宗教を信じたほうがよい」ということだけなのです。ちなみに、「無神論者だけに永遠の幸福を与える神」というのを想定してしまえば、それさえも証明できていないことになりますが、これまた話がややこしくなりすぎてしまいます。そろそろ、次の話題に移りましょう。

(二) 「パスカルの賭け」は人を信仰に導く力をもつか

ここからは、「パスカルの賭け」はその本来の目的――人を信仰へ導くこと――を達成する力をどれくらいもっているのかという観点から、この議論を検討していきます。議論としてあまり正しくないと分かったのに、さらにそんなことを考えてどうするのか、と思われるかもしれません。しかし実を言えば、キリスト教護教論の一部としての「パスカルの賭け」がもつ真の面白さが明らかになるのは、これからなのです。

ある人が、賭けの議論に説得されて、「キリスト教の神を信じよう」と考えたとします。さてこのとき、この人は神を信じているでしょうか。もちろん、信じていません。「信じる・信じている」というのは自分の意志で左右できることではないからです。その点で、「信じる・信じている」は「忘れる・忘れている」に似ています。忘れようとすると、むしろ忘れられません。できるのはせいぜい、忘れたふりをすることだけです。同様に、信じようとすることは、せいぜい、信じたふりをすることでしかありません。そんな、信じている「ふりをしている」だけの人を、神は救済するのでしょうか。

これについても――このあたりの周到さはさすがと言わざるをえません――パスカルは答えを用意しています。賭けの議論が終わったあとの、護教論者の台詞です。

あたかも信じているかのようにすべてを行なっていれば〔…〕まさしく自然に、信じるようになるのだ。

他の断章ではこうも言っています。「説得だけが証明の道具ではない〔…〕。習慣によって作られた証拠こそ、最も有力で、最も深く信じられることになるのだ。〔…〕これほど多くのキリスト教徒を作り上げたのは、習慣である。〔…〕習慣という、いっそう容易な信仰を獲得しなくてはならない。」（断章二五二）この観察が一面の真理を言い当てていることは否定できないでしょう。信者や信仰のあり方に対する診断としては、思いがけず冷めたものであるようにも感じられます。しかし、そんなことでよいのか、という思いもまた拭えません。たんに「ふり」をしていて、いつしか「ふり」であることを忘れたというだけの人、習慣だから信じているだけの人のことを、神は救済するのでしょうか。

まだ疑問は続きます。もともとは「ふり」であったことも神は許してくれるとしましょう。まず

【図7】　ヴォルテール（1694–1778）

【図8】　ウィリアム・ジェイムズ（1842–1910）

もって「信じよう」と思っただけでも殊勝な心がけだ、というように。しかし、信じようと思ったそもそもの動機についてはどうでしょうか。これが例えば、「神を信じるふりをしたほうが家族が安心するから」といったものであれば、利他的な動機ですから、まだましでしょう。でも、賭けの議論に説得されて「信じよう」と思ったのだとしたら、その動機は、「現世の快楽を捨ててでも死後に幸福になりたい」という私利私欲、損得勘定でしかありません。そんな動機で信仰している人を、神ははたして救済するのでしょうか。

　ディドロと同時代の、やはり啓蒙主義者の一人とされるヴォルテール【図7】の次の言葉は、そうした疑念を示唆しているようにも見えます。「〔賭けの議論は〕いささか品がなく、子供染みているように思われる。勝負や損、儲けといった考えは、主題の重大さにまったくふさわしくない。」（『哲学書簡』第二五信）一九～二〇世紀初頭に活躍した哲学者ウィリアム・ジェイムズ【図8】は、賭けの議論の紹介にあたって、もっとはっきり述べています。

もし私たち自身が神の位置にいたならば、このタイプの信者から永遠の報奨を奪い去ることに格別の喜びを覚えることでしょう。(『信じる意志』)

確かにそうかもしれません。しかし、ここで二つ指摘することができます。

第一に、いまの疑問にはこう問い返すことができるでしょう。いかなる私利私欲(幸福の追求)や損得勘定(お賽銭とご利益)とも無関係に神を信じている人など、はたしてどれだけいるというのか。「そんな信仰では神がいたとしても救済されない」と言うなら、救済される人などほとんどいなくなってしまうのではないか、と。

そして第二に、実はパスカルも、賭けの議論で導かれるような信仰が真に目指すべき信仰だと考えていたわけではありません。もちろんパスカルだって、信仰によって神から与えられる「救済」や「愛と慰め」について大いに語っています。しかしパスカルの言う「救済」は、私たちの私利私欲、欲望や願望が満たされることではないのです。そうした救済については、パスカルはこう言います。「キリスト教の神は、人間の生活と富に摂理を働かせ、自らを崇拝するものに幸福な年月を恵むだけの神ではない。それはユダヤ人の分け前である。」（断章五五六）でも、賭けの議論が最後まで進んでいけたのは、私たちは誰もが幸福を求めているということが前提となっていたからではないのでしょうか。自分の議論にとって不可欠な前提を、他の箇所ではむしろ否定的に扱うというのは、不誠実な態度だと言わざるをえないのではないでしょうか。

それはそのとおりです。しかし、ここで私たちは、あの議論が真に狙っている効果についてもう一度考えてみる必要があります。パスカルがあの議論を通じて最終的に私たちを連れていこうとしている場所は、おそらく、「信仰すべきだ」と説得された、さらにその先にあるのです。

このことを見るために、次のことを考えてみましょう。パスカルの議論に完全に説得されてしまった人がいたとして、その人はすぐさま「信仰しよう」と思うことができるでしょうか。おそらくは無理でしょう。少なくともしばらくのあいだは、何とか議論の間違いを探し出そうと懸命に抵抗するはずです。なぜでしょうか。さまざまな理由がありえますが、その主要なものの一つは、「現世の快楽や名誉を諦めるという犠牲が大きすぎるから」であるはずです。そして、まさにこれに気づかせること、すなわち、自分は現世的な欲望・願望に固く縛られているのだと気づかせることこそが、「パスカルの賭け」の真の目的なのです。

議論が終わったあと、あくまで抵抗する不可知論者に、護教論者は語りかけます。

せめて、自分に信じる力がないのは欲望のせいだということを思い知りなさい。理性があなたを信仰へと連れていっているのに、あなたにはそれができないのだから、〔…〕欲望を減らすことによって自分を納得させるようにしなさい。

では、納得した先にはどのような信仰が待っているのでしょうか。それは、自らの欲望を原罪に由来する邪欲として自覚し、その邪欲から救済してくれる慈悲深い神を愛し、そのようにして「真の幸福」（断章一八七、四二五、六一〇）を目指す、そうした信仰です。

キリスト教徒の神は、愛と慰めの神である〔…〕。人びとに、自らの悲惨と神の無限の慈悲とを心のうちから感じさせる神である。〔…〕人びとを謙遜と喜び、安心、愛で満たし、神以外のものを目指すことができないようにさせる神である。（断章五五六）

この「人びと」の状態がパスカルにとっての信仰であり、その信仰が約束する、「来世」の「永遠の幸福」（断章一九四）が、パスカルにとっての救済です。それにしても、現実の私たちの欲望や願望とはまったく無関係な「真の幸福」とは、何と奇妙な、ほとんど倒錯的とさえ言いたくなる考え方でしょうか。

倒錯的ではあります。しかし、この「真の幸福」なるものと比較されることによって、むしろ私たちの現実の欲望や願望のほうこそが、厭うべきもの、倒錯的なものとされてしまうことになります。まさにそうしたものこそが、真の幸福への道を塞いでいるのだ、というわけです。こうして、現世的な欲望に自分が囚われていると自覚させ、その欲望とそれが執着する現実との空しさを強調して、それらをできるかぎり貶めること。その欲望の根源に原罪なるものを据え、自分は悲惨な罪びとだと思い込ませた上で、そこからの脱却の道として、真の幸福（というまやかし）を約束する信仰へと向かわせること。これこそがおそらく、「パスカルの賭け」の真の狙いであり、その背後にあるたくらみ――信仰への第二のたくらみ――なのです。

「空しさと罪を自覚して信仰へ向かう」という物語はキリスト教の伝統においてはお馴染みのものですが、パスカルは『罪びとの回心について』という小編でも同様のお話を繰り返しています。そして、こうしたパターンを人にも辿らせようというのが、結局のところ、いましがた指摘したたくらみの基本的な策略であり、ひいては、彼のキリスト教護教論の――つまりは『パンセ』の――基調をなしているのです。

例えば、キリスト教護教論の目次案の一つでは、第一部が「神を欠いた人間の悲惨」で、第二部が「神とともにいる人間の至福」となっています（断章六〇）。まさにさっきのパターンを踏襲しているのが見て取れるでしょう。また、『パンセ』には、その至るところに、「私たちのあらゆる楽しみは空しい」（断章一九四）とか、「人間の心というのはなんと虚ろで汚物に満ちていることだろう」（断章一四三）といった言葉が溢れています。しまいには、こう言いさえするのです。

　この世の空しさを見て取らない人は、その人自身がまさに空しい。（断章一六四）

　神の存在を理性によって証明することの拒否も、この「空しさと罪との自覚」に関わっています。実はパスカルも、信仰の事柄を理性によって扱うことに、否定一辺倒ではない態度を見せることがあります（断章二四二、二八二など）。理性によるものだというただそれだけで、何でも批判されているわけではないのです。では、正味のところどのような点で、神の存在証明は批判されるべきなのでしょうか。理由はいろいろあります。「神を感じるのは心であって理性ではない」（断章二七八）のだから、存在証明によって神を知ったところで神への愛には繋がらない、という理由もあります。「神の認識から、神を愛することまでは、なんと遠いのだろう」（断章二八〇）というわけです。また、信仰は神からの働きかけによってはじめて成立する「神の賜物」（断章二七九）なのだから、そこでは推論など何の役にも立たない、という理由もあります。

　しかし、いまの話との関連で重要なのは次のものです。すなわち、神の存在証明というのは証明する人の自己愛の発露にすぎず、その人が「自分自身を賛美する」ことにしか繋がらない、という理由です。存在証明などをする代わりに、私たちは、まずは、自分が悲惨な状態にあることを自覚しなくてはなりません。その自覚があってはじめて、イエス・キリストが「私たちの悲惨の修復者」であることが深く実感されます。そして、その実感があってはじめて、私たちは、キリストを通じて神と繋がる――「イエス・キリストにおいて神を知る」――ことができるようになるのです（断章五四七）。なお、悲惨の自覚はすでに信仰に入りつつある証拠ですが、そもそも、信仰というのは神からの働きかけによって生じる「賜物」でした。このことを考えると、この三つ、すなわち自覚と実感と繋がりとは、同時に始まるのだ、と言うことさえできるかもしれません（そしてこの観点からは、習慣による信仰は、神の働きかけに対する妨げをなるべく減らしておくための、人間側からの精一杯の努力である、と考えることができるでしょう）。

ともあれ、信仰に至るためには、まずは自らの欲望の根深さに気づかなくてはなりません。そしておそらく、まさにその効果を生み出すためにこそ、「パスカルの賭け」は書かれました。神の存在についての賭けという、信仰の利得をめぐるたくらみへと私たちを促すこの議論は、それ自体が、護教論者パスカルによる、欲望の根深さの自覚へと私たちを誘い込もうというたくらみだったわけです。

うがち過ぎに見えるかもしれません。でも、『幾何学的精神について』と題する論考の中でパスカルは述べています。「損われた意志が望むもの」に従うという「無謀にして恥ずべき選択」を行なってしまう人を説得するには、「その人の精神と心、その人が承認する原理、その人が愛着するものを知らなくてはならない」、と。このように書いた、しかもあれほどの洞察力と論争能力を備えたパスカルが、この程度のことを考えていなかったとは、私には思えないのです。

おわりに　古典を読む意味、ふたたび

もうお気づきでしょうが、私はパスカルが嫌いです。正確に言うと、大嫌いです。とりわけ、『パンセ』は読むたびに苦痛です。難しいとか、無味乾燥ということではありません。『パンセ』は、どちらかと言えば、読んですぐに面白いと思える部類の古典でしょう。そうではなくて、その護教論者精神が――正確に言うと、その護教論者根性が――耐えがたいのです。

ただし、本稿の準備のためにパスカルの著作を読み直し、そして原稿を書きながらあらためて感じたのは、私はパスカルをものすごく尊敬しているということです。ヴォルテールのひそみに倣って言えば、「私は、彼の考えのいくつかを攻撃しはするが、その天才ぶりは感嘆してやまない」（『哲学書簡』第二五信）のです。むしろ、その天才ぶりを讃嘆するからこそ、その考えを攻撃するのだ、と言ったほうがよいかもしれません。

例えば、「幾何学の精神と繊細の精神との違い」と題された文章（断章一）や、『真空論序言』な

どで展開された、方法の多様性についての考察は、ここでは紹介できませんでしたが、実に素晴らしいものがあります。『パンセ』には随所に人間についての鋭い観察がありますし、『プロヴァンシアル』の論争技巧も本当に惚れ惚れします。

しかし『パンセ』においてパスカルは、そうした能力のすべてをキリスト教の正当化に注ぎ込みます。賭けの議論や、イエス・キリストが救い主であることの証明などは、方法の多様性をめぐる考察の応用ですし、「人間は悲惨で空しい」という主張をいかにも印象深い警句とともに繰り出すときには、その洞察力と論争能力と華麗なレトリックの能力とが全力で奉仕しています。もしかしたら、その目的があったからこそ、人間についてのあれほど深い洞察を得ることができたのかもしれません。まさしく、「警句をよく吐く人、悪い性格」です。

パスカルの作品はまぎれもなく古典です。パスカルは、人間がもつ、宗教を求めようとする傾向の、ある一つのあり方・方向を、ほとんど最後まで辿り尽くしました。すなわち、幸福や心の平安を追い求め、ひたすらこの現実を否定することでその幸福に辿りつこうとするあり方、あるいは、欲望を現実によって否定されたことをきっかけに、現実の欲望を否定することへと向かおうとするあり方です。そしてパスカルは、その天才ゆえ、そうしたあり方をしたときに宗教的精神が見せる姿を、これ以上ないほど明瞭に、その複雑さのままに表現しえています。おそらく、だからこそ、私は読むたびに嫌な気分になり、唾棄すべきだと思ってきたのでしょうし、それにもかかわらず繰り返し読んできたのでしょう。そして、これからも読みつづけるのでしょう。

ほとんど何の共感もできない、大嫌いな本を、大嫌いだからこそ、また、人間の一つの本質を表現していると思うからこそ、なぜ自分はこれがこんなにも嫌いなのかと考えながら読む。これはこれで、古典との一つのつきあい方です。念のためにつけ加えておくと、自分の苛立ちさえ気にしないようにすれば、かなり楽しい読書です。何しろ、自分よりもはるかに優れた、巨大で複雑な相手ですから。その巨大さに見合った内容たりえているかどうかは分かりませんが、私自身、この原稿を書きながら、パスカルについても、私自身についても、そしてとりわけ人間についても、多くのことを学びました。異質なものとの出会いは、つきあい方次第では、実にたくさんのものを私たちに与えてくれるのです。

【引用・参考文献】

パスカルの著作（メナール版全集や各種翻訳も参照したが、訳出はラフュマ版全集から私が行なった。断章番号は、最も手に入りやすい日本語訳に合わせて、ブランシュヴィック版のものを付した。）
『パスカル』（前田陽一、由木康訳）中公クラシックス、全二巻、二〇〇一（本稿で触れたパスカルの作品は『プロヴァンシアル』以外すべて収録されている）。

Pascal, B., *Œuvres complètes*, édition par L. Lafuma, Seuil, 1963.

——, *Œuvres complètes*, édition par J. Mesnard, Desclée de Brower, t.II et III, 1970.

パスカルの入門書

塩川徹也『パスカル『パンセ』を読む』岩波人文書セレクション、二〇一四。

メナール（安井源治訳）『パスカル』みすず書房、一九七一。

その他（ヴォルテールなどからの訳出はすべて私が行なったが、標準的な版を参照したため、書誌情報は割愛した。）

塩川徹也『パスカル考』岩波書店、二〇〇三。

ヴォルテール（中川信、高橋安光訳）『哲学書簡 哲学事典』中公クラシックス、二〇〇五。

ジェイムズ（福鎌達夫訳）『ウィリアム・ジェイムズ著作集2』日本教文社、一九六一。

ディドロ（小場瀬卓三、平岡昇監修）『ディドロ著作集 第一巻』法政大学出版局、一九七六。

Carraud, V., *Pascal et la philosophie*, 2e édition, PUF, 2007.

Elster, J., “Pascal and decision theory”, in Hammond, N.（ed.）, *The Cambridge Companion to Pascal*, Cambridge UP, 2003.

Gouhier, H., *Blaise Pascal. Commentaires*, 2e édition, Vrin, 2005.

Hacking, I., *The Emergence of Probability*, 2nd edition, Cambridge UP, 2006.

Hájek, A., “Pascal’s Wager”, *The Stanford Encyclopedia of Philosophy*（Winter 2012 Edition）, Zalta, E. N.（ed.）, URL=<http://plato.stanford.edu/archives/win2012/entries/pascal-wager/>.

東北大学出版会

東北大学大学院文学研究科・文学部の本

人文社会科学講演シリーズⅠ
東北 ― その歴史と文化を探る
花登正宏編　四六判　定価（本体 1,500 円＋税）

人文社会科学講演シリーズⅡ
食に見る世界の文化
千種眞一編　四六判　定価（本体 1,714 円＋税）

人文社会科学講演シリーズⅢ
ことばの世界とその魅力
阿子島香編　四六判　定価（本体 1,700 円＋税）

人文社会科学講演シリーズⅣ
東北人の自画像
三浦秀一編　四六判　定価（本体 1,500 円＋税）

人文社会科学講演シリーズⅤ
生と死への問い
正村俊之編　四六判　定価（本体 2,000 円＋税）

人文社会科学講演シリーズⅥ
男と女の文化史
東北大学大学院文学研究科出版企画委員会編
四六判　定価（本体 2,200 円＋税）

人文社会科学講演シリーズⅦ
「地域」再考 ― 復興の可能性を求めて
東北大学大学院文学研究科出版企画委員会編
四六判　定価（本体 2,200 円＋税）

人文社会科学講演シリーズⅧ
文化理解のキーワード
東北大学大学院文学研究科　講演・出版企画委員会編
四六判　定価（本体 2,200 円＋税）

人文社会科学ライブラリー第 1 巻
謝罪の研究 ― 釈明の心理とはたらき
大渕憲一著　四六判　定価（本体 1,700 円＋税）

人文社会科学ライブラリー第 2 巻
竹を吹く人々 ― 描かれた尺八奏者の歴史と系譜 ―
泉武夫著　四六判　定価（本体 2,000 円＋税）

人文社会科学ライブラリー第 3 巻
台湾社会の形成と変容～二元・二層構造から多元・多層構造へ～
沼崎一郎著　四六判　定価（本体 2,000 円＋税）

人文社会科学ライブラリー第 4 巻
言葉に心の声を聞く ― 印欧語・ソシュール・主観性 ―
阿部宏著　四六判　定価（本体 2,000 円＋税）

Thirouin, L., *Le hasard et les règles. Le modèle du jeu dans la pensée de Pascal*, Vrin, 1991.

【図版出典】

図1 http://commons.wikimedia.org/wiki/File:Blaise_pascal.jpg

図2 http://commons.wikimedia.org/wiki/File:TrianguloPascal.jpg

図3 http://commons.wikimedia.org/wiki/File:Arts_et_Metiers_Pascaline_dsc03869.jpg?uselang=ja

図4 http://commons.wikimedia.org/wiki/File:Pascal%27s_M%C3%A9morial.JPG

図5 http://commons.wikimedia.org/wiki/File:Pascal_-_Pens%C3%A9es,_%C3%A9dition_de_Port-Royal,_1670.djvu?uselang=ja

図6 http://commons.wikimedia.org/wiki/File:Louis-Michel_van_Loo_001.jpg

図7 http://commons.wikimedia.org/wiki/File:Voltaire2.jpg

図8 http://commons.wikimedia.org/wiki/File:William_James_b1842c.jpg

執筆者

川　口　幸　大（かわぐち・ゆきひろ）
東北大学大学院文学研究科／文化人類学

木　村　敏　明（きむら・としあき）
東北大学大学院文学研究科／宗教学

木　村　邦　博（きむら・くにひろ）
東北大学大学院文学研究科／行動科学

FONGARO Enrico（フォンガロ・エンリコ）
東北大学大学院文学研究科／哲学・美学

村　山　達　也（むらやま・たつや）
東北大学大学院文学研究科／哲学・倫理学

人文社会科学講演シリーズ Ⅷ
文化理解のキーワード

Important Concepts in Understanding Culture
Lecture Series in Humanities and Social Sciences Ⅷ

©Lecture and Publication Planning Committee in Graduate School of Arts and Letters at Tohoku University 2015

2015 年 3 月 13 日　初版第 1 刷発行

編　者／東北大学大学院文学研究科
　　　　講演・出版企画委員会
発行者　久　道　　茂
発行所　東北大学出版会
〒 980-8577　仙台市青葉区片平 2-1-1
TEL : 022-214-2777　FAX : 022-214-2778
http://www.tups.jp
E-mail : info@tups.jp
印　刷　笹氣出版印刷株式会社
〒 984-0011　仙台市若林区六丁の目西町 8-45
TEL : 022-288-5555　FAX : 022-288-5551

ISBN978-4-86163-257-0　C1020
定価はカバーに表示してあります。
乱丁、落丁はおとりかえします。

読者の皆様へ

大学の最も重要な責務が教育と研究にあることは言うまでもありません。しかし、その研究から得られた成果を広く一般に公開し、共有の知的財産とすることも、それに劣らず重要なことのように思われます。このような観点から、東北大学大学院文学研究科では、従来よりさまざまな講演会を開催し、教員の日々の研究の中から得られた新たな知見を中心として、一般の方々に興味を抱いていただけるような種々の研究成果を広く公開して参りました。幸いなことに、私どものこのような姿勢は、多くの方々に支持を得てきたところです。この度創刊する人文社会科学講演シリーズは、本研究による研究成果の社会的還元事業の一環として企画されたものです。本シリーズを通して、講演を聴講された方々はあの時あの場の感動を追体験していただけるでしょうし、聴講の機会を得られなかった方々には、新たな知見や興味ある研究成果に触れていただけるものと思います。本シリーズが、そのような役割を果たすことができたならば、私どもの喜びこれに過ぐるものはありません。読者の皆様のご支援を心よりお願い申し上げます。

2006年3月　東北大学大学院文学研究科出版企画委員会